LES
PIONNIERS

DE L'INDUSTRIE

GUTENBERG. — BERNARD PALISSY. — DENIS PAPIN. — BENJAMIN
FRANKLIN. — JACQUARD. — FULTON. — LEBON. — SENEFELDER.
— PHILIPPE DE GIRARD. — DAGUERRE.

PAR

D. DE MERVILLE

AVEC GRAVURES DANS LE TEXTE

ROUEN

MÉGARD ET Cie, LIBRAIRES-ÉDITEURS

1887

BIBLIOTHÈQUE MORALE

DE

LA JEUNESSE

—

4ᵉ SÉRIE GRAND IN-8º RAISIN

DENIS PAPIN.

LES

PIONNIERS

DE L'INDUSTRIE

GUTENBERG. — BERNARD PALISSY. — DENIS PAPIN. — BENJAMIN
FRANKLIN. — JACQUARD. — FULTON. — LEBON. — SENEFELDER.
— PHILIPPE DE GIRARD. — DAGUERRE

PAR

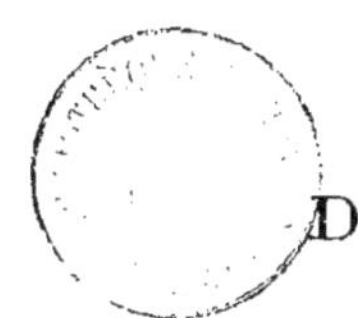

D. DE MERVILLE

AVEC GRAVURES DANS LE TEXTE

ROUEN

MÉGARD ET Cie, LIBRAIRES-ÉDITEURS

1887

Propriété des Editeurs

PIONNIERS DE L'INDUSTRIE.

∽∼⌇∼∽

JEAN GUTENBERG,

NÉ A MAYENCE EN 1400, MORT DANS LA MÊME VILLE EN 1468.

Transportons-nous par la pensée en plein moyen-âge, l'âge, dit-on, des fortes croyances, mais aussi de la suprême ignorance et de la superstition colossale. Voyons ses villes sombres, fangeuses, aux rues tortueuses, enserrées dans des murs crénelés, sans cesse ensanglantées par de nouveaux assauts et journellement épouvantées par les cadavres hideux des suppliciés, exposés là en pâture à des nuées de corbeaux; ses routes étroites, plutôt fondrières que grands chemins, où le voyageur ne se hasardait qu'en tremblant et en se recommandant à sa patronne et à tous les saints du paradis. Encore s'ils eussent été suffisants pour le protéger contre les dangers de toutes sortes qui l'attendaient ! mais souvent ils ne l'étaient pas !

Il fallait compter avec les loups dévorants et les guets-apens des coupeurs de bourse, moins redoutables pourtant que les seigneurs avec leurs droits acquis et ceux qu'ils s'attribuaient. Il fallait compter en outre avec la longueur du chemin, car il n'y avait pas de voitures et les chevaux de louage coûtaient fort cher. Qui n'était pas riche devait cheminer à pied. Se rendre de Nantes ou de Bordeaux à Paris était un grand, grand voyage, auquel on réfléchissait des années entières parfois avant de l'entreprendre.

Mais les ténèbres des rues, le peu de sécurité des routes, toutes les incommodités matérielles n'étaient rien. Le mal le plus cruel sous lequel tous gémissaient, sans s'en rendre compte pour la plupart, le serf attaché à la glèbe aussi bien que le seigneur siégeant au haut de sa grande table, dans sa salle d'honneur, au milieu de tous ses vassaux rassemblés, ce mal, c'était l'*igno-rance*.

Sauf de vieux moines érudits, penchés, dans les monastères, sur d'antiques manuscrits qu'ils disputaient au temps avec un soin pieux et en les enluminant avec amour, nul ne savait rien de ce qui s'était passé avant lui, ni des destinées futures auxquelles la patrie, la société, l'art, le commerce pouvaient être appelés.

JEAN GUTENBERG.

En dehors de la prédication, où l'on apprenait que Dieu punit les méchants et récompense les bons — ce qui était très vague, les tyrans les plus despotes se faisant appeler et se croyant de bonne foi de *doux seigneurs* — on ignorait tout.

Un homme humble et obscur, inconscient lui-même, malgré sa haute intelligence, des incalculables résultats vers lesquels il marchait, et de l'avenir de gloire immortelle qui lui était réservé, devait bouleverser tout cela, porter la lumière dans le chaos, féconder le vieux monde et y faire germer une société nouvelle.

Cet homme, que nous plaçons au premier rang de nos pionniers de l'industrie, c'est Gutenberg. Certes, les autres, les Papin et les Palissy, les Girard et les Jacquard, sont grands et nobles ; mais si nous les jugeons par le résultat de leurs efforts, quelle différence ! Ils ont fait progresser — au prix de quelles douleurs et de quelles déceptions, nous le verrons — une branche de l'industrie humaine. Gutenberg a frayé la voie à cette industrie tout entière, lui a donné l'essor, l'a en quelque sorte créée. Honneur immortel à son nom !

Mais passons à son histoire.

Jean Gutenberg naquit à Mayence. On place généralement l'époque de sa naissance vers l'an 1400, bien qu'il règne sur cette date, cependant intéressante, une obscurité qui s'étend du reste à bien d'autres détails de sa vie, et jusqu'à l'exactitude de son nom de famille.

Pour quelle raison porte-t-il le nom de sa mère, Gutenberg, plutôt que celui de son père, Gensfleisch? On l'ignore. Quant à nous, nous nous en tiendrons à ce surnom — si surnom il y a — qu'il a si glorieusement illustré.

De famille noble, il eût dû, comme tant d'autres, vivre des sueurs d'autrui, sans rien connaître des luttes amères de l'existence. Il n'en fut rien. Des troubles ayant éclaté dans la vieille cité allemande, remuante et turbulente comme toutes les cités libres d'alors, Jean Gutenberg dut quitter la maison paternelle et prendre le chemin de l'exil. La devise de sa famille, sculptée, comme c'était l'usage, dans un vaste écusson de pierre au-dessus de la porte d'entrée de cette demeure seigneuriale, était un énorme taureau portant en exergue : *Rien ne me résiste.*

Cette devise n'était-elle pas prophétique? Il y conforma sa vie.

Intelligent et travailleur, quoique artiste, il ne perdit pas courage. Il aimait l'étude et les belles choses. Comment satisfaire à ces deux nobles aspirations dans ce temps où le livre était chose si rare, que le moindre coûtait 600 fr. et que notre Bibliothèque nationale renferme deux Bibles — deux merveilles, il est vrai — dont l'une a coûté 82,000 fr. et l'autre 50,000 ? Ajoutons, pour expliquer ces prix, autrement inexplicables, que le premier de ces ouvrages est enrichi de cinq mille cent vingt-deux petits tableaux faits à la main avec une patience infinie et qui ont usé peut-être deux ou trois vies d'hommes.

Quant aux œuvres d'art, on ne les rencontrait guère que dans ces splendides cathédrales du moyen-âge où la foi ardente et naïve du temps a enfanté des prodiges de goût, alors que le goût — cet apanage des Grecs et des Romains — semblait mort avec la puissance de ces maîtres du monde.

Jean Gutenberg ne s'embarrassa pas devant ces deux difficultés. Les voyages pouvaient suppléer en partie à l'insuffisance des ressources de l'époque. Il ne recula pas devant les voyages, quelles que fussent les chances que cela l'obligeait à courir. Voyager ainsi, l'œil et l'esprit ouverts, ne cherchant qu'à se pénétrer des beautés de la nature et de celles de l'art, c'est se préparer un perpétuel enchantement. Ainsi fit le jeune homme ; et lorsqu'il s'était extasié devant quelque nouvelle merveille de l'art, lorsqu'un ravissant point de vue avait à l'improviste charmé son œil d'artiste, lorsqu'il avait rencontré quelque sage vieillard et profité des fruits de son expérience, il s'estimait largement payé des fatigues et des dangers de la route.

Ce fut pendant ce voyage, à une halte qu'il fit à

Harlem pour visiter la cathédrale, dont on lui avait dit des merveilles, qu'il fit la rencontre du sacristain, un homme de son âge qu'une similitude de goût pour les beautés de l'art et de la nature et une curiosité intelligente devaient aisément transformer en un ami.

Cet homme, Laurent Coster, était fiancé à une de ces jolies et modestes Hollandaises qui savent si bien jouer le rôle d'ange gardien du foyer domestique. Il l'aimait avec tendresse, et son plus doux passe-temps, lorsqu'ils se promenaient en été dans la verte campagne de leur pays natal, était de graver leurs deux noms sur l'écorce des arbres.

Mais ce plaisir-là était rare. Coster se promenait généralement seul, et alors il s'asseyait auprès d'un limpide ruisseau, d'une claire fontaine, partout où le murmure des eaux, se mêlant au bruissement des feuilles agitées par la brise, invitait à la rêverie, et là, tout en bâtissant les plus riants châteaux en Espagne, il ciselait dans un bloc de bois tendre les initiales de sa bien-aimée, qu'il lui rapportait ensuite pour lui montrer que, présente ou absente, son souvenir remplissait toujours son cœur.

Un jour, emporté sur l'aile d'une inspiration fantaisiste, il s'était attardé à graver ce nom chéri et à l'enjoliver d'arabesques. La nuit le surprit, de sorte qu'il ne put soumettre le soir son chef-d'œuvre à l'admiration de sa fiancée. Mais elle n'y perdrait pas pour attendre;

il le lui porterait le lendemain. Et pour que rien ne vînt en altérer le tracé délicat, Coster enveloppa le bloc dans un morceau de parchemin.

Le lendemain, ô surprise ! le bloc humide avait communiqué au parchemin, avec une fidélité parfaite, l'empreinte du chiffre fleuri et enguirlandé. Le jeune homme le montra à qui voulut le voir et en particulier à son nouvel ami Gutenberg, qui l'examina longuement.

Laurent Coster n'en resta pas là. Il fit les essais les plus divers en xylographie ; mais Gutenberg non plus n'oublia pas l'initiale élégante ; il emportait dans sa pensée un germe qui ne devait pas rester infécond.

Quand nous retrouvons notre voyageur, il est fixé à Strasbourg. Il n'avait pas voulu quitter la ville hospitalière, bien qu'en 1430, Conrad III, électeur de Mayence — pour l'installation solennelle duquel s'étaient produits les troubles qui avaient motivé l'exil de la famille Gensfleisch — cût rappelé tous les émigrés.

Un acte public daté de 1434 constate qu'il habitait encore Strasbourg. Il était riche ou du moins dans une honnête aisance à ce moment, puisque, lui, qui plus tard eut recours à tant d'emprunts onéreux et ruineux, pouvait donner une preuve de désintéressement très grande pour l'époque et qui révèle bien, du reste, sa nature large et généreuse. Un de ses débiteurs, le greffier

Niclaus, était retenu en prison pour une somme de 310 florins. Gutenberg l'en tint quitte et lui donna une décharge complète qui le rendit à sa famille et à la liberté.

Par un autre acte également public, il réduit de 14 à 12 florins une rente annuelle qui lui revenait d'un partage, et cela afin de favoriser son frère Frielot.

C'est vers 1437 que se place son mariage ; mais l'histoire, comme la tradition, reste muette sur cette page de sa vie privée.

En 1439, nouveaux actes publics, mais d'une autre nature cette fois : c'est la période des embarras financiers qui commence pour l'inventeur, et l'on sait que ces périodes sont, comme celles des mauvais orateurs, toujours trop longues! C'est le procès jugé à Strasbourg le 12 décembre de cette même année de grâce 1439, au sujet de l'exploitation du procédé secret inventé par Gutenberg. Ses adversaires dans ce procès étaient ses précédents associés, André Dritzehein, noble comme lui et dérogeant en s'occupant de commerce ou d'industrie, Hans Riffe et André Heilman, tous trois Strasbourgeois et tous trois pleins d'enthousiasme pour le procédé merveilleux dont on ne parlait qu'à mots couverts.

A cette époque, Gutenberg est bien citoyen de la bonne ville de Strasbourg ; mais nous le trouvons

installé dans les environs, dans le couvent abandonné
de Saint-Arbogaste. Est-ce là sous les arceaux
mystérieux du vieux cloître que travaille le maître de
céans? Non ; il n'y a ici, à ce que rapporte la tradition,
que des miroirs de Venise que Gutenberg, ne dédaignent
aucun art, avait appris à orner pour la vente. Cherchez
plus loin! Serait-ce sous l'abri, désormais désert et
muet, de cette chapelle aux multiples vitraux enchâssés
dans du plomb que nous parviendrions à le joindre?
Non, point encore.

Si vous voulez arriver jusqu'à son sanctuaire, suivez
cette ombre imposante drapée dans un long manteau
aux manches doublées d'hermine. Regardez ! elle se
détourne pour s'assurer qu'elle n'est point suivie. Elle
gagne une voûte à demi cachée sous les festons d'un
lierre séculaire. Un ressort joue sous la main nerveuse
qui le pousse. Glissons-nous par la porte entrebâillée....
Après une marche assez longue dans le souterrain aux
sinueux dédales, nous émergeons dans une salle taillée
dans le roc.

Serions-nous à la poursuite d'un alchimiste acharné
après la découverte de la pierre philosophale? Allons-
nous pénétrer dans les arcanes secrets de la sorcellerie
du moyen-âge?... Allons-nous contempler le grand
œuvre ?

Le grand œuvre !... qui sait? Quel mélange d'outils

divers frappe le regard! A quoi bon ces réchauds encore à demi pleins de débris de plomb fondu? Pourquoi ces pinces, ces cadres, ces petits moules et surtout cette presse?.. Oh! cette presse! Engin formidable d'où, malgré son apparente simplicité, sortira la liberté humaine sous ses formes multiples.

Le grand œuvre, le voilà! C'est ici que Gutenberg cache sa vie dans une retraite profonde. Le *prétexte* de cette quasi-réclusion, ce sont les exigences du commerce réel qu'il a entrepris avec les foires d'alentour. Sa *raison d'être*, c'est qu'il a trouvé en principe cet art merveilleux de multiplier à l'infini l'expression visible, palpable, de la pensée de l'homme, et que si l'on s'en doutait, il aurait à lutter contre une inculpation de magie qui le rendrait passible de l'intérêt toujours *un peu* indiscret de la très sainte Inquisition.

Mais la foi que ses associés ont en lui est sa sauvegarde. Ils veillent au dehors, écartant le danger, les suppositions malveillantes, les curiosités importunes : ne faut-il pas que Gutenberg s'exécute, et que pour la foire dite *des Pèlerins* à tenir en 1440 dans la bonne ville d'Aix-la-Chapelle, ils puissent réaliser les gros bénéfices qu'ils se sont promis? Car, notez-le, ce qui les occupe, ce n'est pas le côté si élevé de la découverte qui va révolutionner le monde, c'est le *petit* côté que voici : le manuscrit copié à la main vaut un prix fou,

5 à 600 fr. de l'argent d'alors, songez donc ! Gutenberg s'est engagé à livrer des *fac-simile* de manuscrits à un prix de revient relativement beaucoup moindre et qui se vendront tout aussi bien. De là la nécessité d'une grande escarcelle pour loger les écus d'or qui vont pleuvoir de tous côtés !

Hélas ! Gutenberg a bien pris un engagement ; mais il travaille en artiste et non en fabricant. Il combine, il retouche, il perfectionne. Il n'est point prêt à s'exécuter, et la foire est là qui approche. Telle est la cause première du procès de 1439, duquel résulte clairement que Gutenberg était passé maître ès inventions d'arts merveilleux. Mais ces arts merveilleux, il importait de ne les point révéler au public ; car, à cette époque, toute industrie s'entourait de mystère : condition *sine quâ non* d'existence pour elle. Il en résultait d'autre part qu'il faisait une certaine consommation de plomb et d'ustensiles dont on ignorait l'usage, et enfin que le résultat de ce merveilleux procédé devait être mis en vente à Aix-la-Chapelle.

Quel intérêt, se demandent quelques-uns de nos jeunes lecteurs, quel intérêt y a-t-il à connaître les pièces de ce procès ?

Mais un intérêt vital pour la gloire de Gutenberg, gloire pure entre toutes et que par conséquent on s'est empressé de lui contester. Ignorez-vous par hasard

qu'on a préféré attribuer cette incomparable invention
à une foule d'incapables qui n'en eurent pas la première
idée, plutôt que de la laisser à son auteur véritable, dont
la modestie, du reste, en ne mettant ni date ni nom sur
ses ouvrages, a été la cause déterminante du déni de
justice qui lui est fait? Si Gutenberg n'est point l'inventeur de l'imprimerie, que signifie le procès en ques-
tion, bien obscur par lui-même, mais sur lequel les
dépositions des témoins jettent une certaine lueur? Que
signifie cette presse dont il est parlé plusieurs fois et
ces quatre pièces posées *sur* ou *dans* la presse, pièces
qui, maintenues par des vis, pouvaient être détachées,
afin que personne ne pût être, par inadvertance, initié
au procédé? Ces dépositions ne viennent-elles pas, après
des siècles, jeter une clarté assez vive sur la discussion
pour que l'on ne puisse en bonne conscience vouloir
enlever à Gutenberg la pure auréole qui couronne son
front?

Certes, dans les nombreuses instances intentées contre
lui, on retrouve toujours Gutenberg aussi simple, aussi
peu enorgueilli de son triomphe que s'il n'avait point
acquis des droits imprescriptibles à la reconnaissance
universelle; mais tirer de cette simplicité et de cette
bonne foi un argument contre celui qu'elles honorent,
c'est bien mal comprendre et apprécier ces nobles
sentiments!

Du reste, il nous révèle involontairement lui-même d'où vient sa modestie. C'est dans le sentiment religieux qu'il la puise. Nous en trouvons la preuve dans la souscription qu'on lit à la fin du *Catholicon* de Juana, le dernier et l'un des plus importants ouvrages qu'il ait imprimés ; c'est une sorte d'hymne pieuse. Elle commence par des actions de grâces que Gutenberg, d'un cœur plein de reconnaissance, rend à Dieu et à la sainte Trinité ; puis il déclare que « l'exécution de son livre est due à la protection suprême de Celui qui d'un signe rend diserte la voix des petits enfants et qui révèle souvent au moindre d'entre eux ce qu'il cache aux savants. »

« C'est, ajoute-t-il, en l'an de l'incarnation divine 1460 que ce livre remarquable, le *Catholicon*, sortit de Mayence, cette célèbre ville de la Germanie sur laquelle la clémence d'en haut daigna s'abaisser pour la faire briller entre toutes les nations par le don gratuit de ce profond éclair de génie. C'est sans le secours de la plume, du style ou du calamus, que ce livre a été imprimé, mais par l'admirable accord des patrons (poinçons) et des formes (matrices) et de leur proportion et module. »

Mais revenons à notre histoire.

En 1448, nous retrouvons Gutenberg à Mayence, et c'est encore un acte public qui nous révèle sa présence.

Le temps n'est plus où Gutenberg faisait l'abandon de sommes relativement considérables. Cet acte est passé à l'occasion d'un emprunt de 150 florins destinés sans doute à la continuation de ses travaux typographiques, et bientôt insuffisants, puisqu'on le voit recourir à Jean Fust et former avec lui, à la fin d'août 1450, une association pour mettre à exécution des procédés, dont il lui avait soumis des produits appréciables.

Par ce traité, Fust s'engageait à verser 800 florins en une seule fois, puis 300 autres annuellement, pour les frais de main-d'œuvre, de loyer, de chauffage, d'achats de parchemin, de papier et d'encre.

Là encore, Gutenberg marchait, sans les prévoir, vers de nouvelles difficultés.

Fust, ne trouvant pas les bénéfices aussi importants qu'il l'avait espéré peut-être, ou plutôt encore désireux de s'assurer la gloire et tout le profit de l'entreprise dont il reconnaît la valeur par le fait seul qu'il essaye de se l'approprier, intente un procès à son associé, qui est obligé de se retirer. Avec les épaves de ses précédents établissements, il remonte une petite imprimerie dans une maison appartenant à un de ses oncles, maison qui ne tarde pas à être connue sous le nom de « maison de l'imprimerie », et qu'il céda plus tard à un nommé Homery.

Le mérite de Gutenberg, mérite incontestable et

aujourd'hui universellement reconnu, est d'avoir substitué la typographie à la xylographie.

Expliquons ces deux termes.

La xylographie consistait à sculpter les lettres sur une planche de bois, comme on fait encore en Chine, où ce genre d'impression était pratiqué bien des siècles avant d'être seulement soupçonné en Europe. Il avait un immense inconvénient : c'est que, on le comprend, la planche une fois gravée ne pouvait convenir qu'à **un** seul et même ouvrage, et, de plus, ne pouvait **être** reproduite qu'un nombre de fois très limité.

Gutenberg le comprit, et dès lors il voulut substituer à la planche gravée des caractères mobiles ou *types* détachés, d'où le nom de typographie. De là **la** progression de ses travaux, que l'on peut résumer ainsi :

1° Gravure de lettres mobiles en bois, puis en plomb, et ajustage plus ou moins régulier de ces lettres pour l'impression.

2° Fonte de ces lettres au moyen de matrices en sable, en terre cuite, en plomb ou en étain.

3° Retouche après la fonte de ces caractères, opération qu'on nomme sculpto-fusi.

4° Gravure des lettres sur acier non trempé, puis trempé après la gravure, et frappe de ces lettres dans des matrices en cuivre.

5° Moules dont le mécanisme sans doute fut semblable d'abord à celui que les anciens connaissaient pour la fonte des médailles, et qui fut successivement perfectionné surtout par Pierre Schœffer, le gendre de Fust.

6° Composition de l'encre siccative, quoique visqueuse, et préparation de cuirs d'une nature convenable pour étendre cette encre au moyen de tampons, sans les empâter.

7° Enfin, la presse, qui, à elle seule, résume toute l'imprimerie, dont elle termine les différentes opérations.

A part ce grand rôle d'inventeur de l'imprimerie qu'on chercherait en vain à disputer à Gutenberg, l'ensemble de son œuvre comme imprimeur comprend les travaux suivants :

1° Un petit vocabulaire ou *Catholicon*;

2° Une ou plusieurs éditions de Donat, avec le caractère qui servit à la Bible des 36 lignes, caractères gothiques carrés ;

3° Les lettres d'indulgence, 1454 à 1455 ;

4° Le calendrier de 1457, imprimé avec le caractère de la Bible des 36 lignes. La Bibliothèque nationale de Paris en possède une page ;

5° L'appel contre les Turcs, dont on n'a retrouvé qu'un seul exemplaire, qui figure à la Bibliothèque de Munich ;

6° La Bible des 36 lignes, 3 volumes in-folio à deux colonnes, dont les premiers essais, tentés peut-être à Strasbourg, contribuèrent sans doute à déterminer Jean Fust à s'associer à Gutenberg.

Cette Bible fut probablement imprimée à un très petit nombre d'exemplaires : la dépense en peau vélin et en papier, alors rare et cher, était considérable ; et comme on voulait faire passer chaque exemplaire pour manuscrit, il ne fallait pas qu'un trop grand nombre de ces derniers mis en vente éveillassent l'attention et fissent baisser les prix. Aussi cette Bible, la première imprimée, est-elle si rare, qu'on n'en connaît que trois ou quatre exemplaires.

Du reste, le tirage des livres imprimés ne dépassait point à cette époque le nombre de 250 à 300 exemplaires. Il paraît que le débit de cette Bible fut bien rapide, puisqu'une seconde édition dût en être entreprise et fut exécutée avec un caractère plus petit, qui permit de diminuer le nombre des feuilles dans une proportion considérable — 1,282, au lieu de 1,764 — ce qui réduisit la dépense de près d'un quart.

En 1465, Gutenberg fut nommé gentilhomme de l'électeur Adolphe de Nassau, qui lui fit une petite pension. Cela mit un terme aux embarras dont son existence avait été si cruellement tourmentée. Ce ne fut pas pour longtemps d'ailleurs ; car Gutenberg s'éteignit en 1468.

Il est étrange que le XIX⁰ siècle ait persisté à discuter les droits de Gutenberg à l'honneur d'avoir doté le genre humain de son plus bel apanage. Les siècles passés furent plus justes pour lui : ses contemporains l'admirèrent sans réserve ; leur imagination, vivement frappée en voyant pour la première fois des feuilles entières écrites d'un seul coup sortir comme par miracle de dessous sa presse, reconnut en lui le père de l'imprimerie.

Dès 1640, les libraires de l'Allemagne et les habitants de Strasbourg instituèrent un centenaire destiné à glorifier son nom et à célébrer l'invention de l'imprimerie. Notre siècle a été plus long à lui rendre justice. Ce n'est qu'en 1839 que la ville de Mayence lui a érigé une statue, œuvre du grand statuaire suédois Thorwaldsen. Cet exemple fut suivi en 1840 par Strasbourg. Le monument qui lui a été élevé dans cette dernière ville est dû au ciseau de David d'Angers ; toutes les notabilités typographiques assistèrent à son érection, et la fête fut digne en tous points de l'inventeur du plus précieux de tous les arts, puisque seul il contribue à les perpétuer tous. Ce bronze splendide, que la gravure a vulgarisé, a été reproduit et placé dans la cour de l'Imprimerie nationale à Paris.

C'est là tout ce que nous savons de celui qui a révolutionné pacifiquement le monde, qui l'a régénéré et spiritualisé, substituant aux besoins de la matière les pures aspirations de l'esprit et de l'âme. Ces aspirations, après les avoir ressenties, il les a fait naître chez autrui et il a trouvé le moyen de les satisfaire. Telle est, en résumé, l'histoire de cet homme dont on a pu dire :

« Une réputation éclatante, un nom en quelque sorte légendaire, quelques faits incertains, la tradition de luttes et de souffrances dont le détail est resté ignoré, voilà les seuls souvenirs qui restent du merveilleux génie qui a donné aux lettres la fécondité de la vie, à la pensée son instrument, et à l'esprit moderne, à la civilisation, le signe par lequel ils vaincront l'ignorance et la barbarie. »

BERNARD PALISSY,

NÉ A LA CAPELLE-BIRON (AGÉNOIS) EN 1510, MORT A LA BASTILLE
A PARIS EN 1590.

Palissy ! nom sympathique entre tous ; figure austère
et naïve, qui se dégage avec tant de majesté du demi-
jour encore douteux de la Renaissance où elle a pris
rang dans l'histoire ; esprit fort, bien qu'il crût en Dieu
et parce qu'il croyait en Dieu, qui n'eut pour s'instruire, comme il le dit lui-même, « d'autre livre que le
ciel et la terre, dans lequel il est permis à chacun de
lire ; » qui, avec ces maîtres muets pour tant d'autres,
arriva à devenir artiste, écrivain et philosophe, et à
exceller en toutes ces choses ; cœur déchiré par toutes
les angoisses et qui les a rendues avec tant de vérité ; âme
sereine qui ne connut pas les tortures du doute. Palissy,
nous te saluons! Ah ! si la France avait beaucoup de

fils de ta trempe, si la science était aux prises avec beaucoup d'intelligences comme la tienne, si l'art avait affaire à des pionniers d'une aussi infatigable ardeur, science, art, industrie, et les cieux, et la terre, et les eaux, achèveraient bien vite de nous dévoiler leurs secrets !

Jamais nous ne présenterons assez à la jeune génération l'exemple de cet homme parti de rien pour arriver à tout, dans un siècle où il était si difficile d'apprendre. Jamais nos enfants n'auront assez de vénération pour cet enfant du peuple auquel on n'enseigna rien et qui révéla à son siècle étonné des sciences dont il fut le précurseur, puisqu'avant lui elles existaient à peine de nom, comme la chimie, la géologie.

Mais, me demanderez-vous, par quel procédé l'obscur villageois du xvie siècle devint-il l'immortel artiste auquel tant de plumes autorisées ont, comme celle de Lamartine, rendu hommage ?

En regardant, en observant, en ne négligeant rien de ce qui pouvait être matière à étude. Dans les voyages par lesquels il se forma, vous le verrez examiner la flore du pays qu'il parcourt, les pierres du chemin, la cassure du roc sous lequel il s'abrite, la formation de la montagne dont il gravit les pentes, les eaux et les habitants de la source près de laquelle il va se désaltérer ou attendrir la croûte desséchée qui forme la base de

BERNARD PALISSY.

son repas de voyageur. Sous le désordre apparent de la nature, il pressent, il devine un ordre harmonique, principe fondamental de la science.

Mais n'anticipons pas.

Palissy (Bernard) naquit à la Capelle-Biron, dans l'Agénois, en 1510. Rien de certain n'est venu jusqu'à nous de ses premières années. On sait seulement que ses parents furent trop pauvres pour lui faire donner aucune éducation, mais qu'il parvint à s'instruire pour ainsi dire sans aucun secours étranger, autre que celui que les jurandes mettaient alors à la disposition de l'apprenti intelligent. Nous ne pouvons commencer à préciser qu'à partir de l'époque où il entre en apprentissage dans une verrerie d'Agen, où on lui enseigna la peinture sur verre et l'art d'assembler les vitraux peints.

Comme aux grands maîtres de la Renaissance, ce fut la géométrie qui lui servit d'introduction à l'étude du dessin, pour laquelle il avait un goût des plus prononcés, et qui devait lui faciliter plus tard la pratique de la peinture sur verre, art dans lequel il acquit, paraît-il, un talent remarquable. Il y joignit l'art de dresser des plans figuratifs et la connaissance de l'arpentage. Avec cela, il était de force à gagner largement sa vie ; et comme c'était l'usage alors, le jeune ouvrier partit pour commencer son tour de France, qui s'étendit

jusque dans la Belgique actuelle et une partie de l'Allemagne.

C'est dans cette longue pérégrination qu'il commença
à pratiquer son système d'observations judicieuses sur
les monuments antiques, les eaux, les espèces de terre,
et, en général, sur tout ce qui a trait à l'histoire naturelle, observations dont la sagacité étonne encore
aujourd'hui, malgré les pas de géant qu'a faits cette
science, alors dans l'enfance. Cette partie de sa vie —
la plus heureuse assurément, car alors il n'avait d'autre
souci que d'examiner, d'admirer et de s'instruire —
dura longtemps ; il ne chercha à se fixer qu'en 1539.
Il s'établit à Saintes, et là il se maria.

Les premières années de cette union paraissent avoir
été heureuses. Palissy vécut quelque temps du produit
de ses peintures et de ses travaux d'arpenteur. Il continuait à passer toutes choses au creuset de son infatigable pensée, quand le hasard fit tomber entre les
mains de l'artiste, amateur passionné du beau sous
toutes ses formes, une coupe « tournée et émaillée » de
Faënza ou de Castel-Durante. La voir, l'admirer et
concevoir le désir ardent de l'imiter, fut tout un chez
lui.

Il connaissait donc l'art du potier ? demanderez-vous,
chers enfants.

Non, et c'est bien là que fut le mérite.

« A cette époque, dit-il naïvement, je n'avais aucune connaissance des terres argileuses et j'étais comme un homme qui tâte en ténèbres. »

Mais il *voulait* réussir. Tel est le secret qui l'aida à triompher de tous les obstacles.

C'était au moment où François Ier, ayant établi un impôt sur le sel, chargea le maréchal de Montmorency d'aller le percevoir dans cette province. Or, pour s'acquitter de sa besogne avec une apparence d'équité, le connétable voulut faire arpenter les marais salants pour en lever les plans et en déterminer la surface. Palissy, qui jouissait d'une véritable considération à Saintes, lui ayant été recommandé, se vit choisir pour ce travail, temporaire malheureusement ; car il était assez lucratif. C'est avec les avances que lui avait procurées cette aubaine que Palissy commença ses essais.

La poterie ne fut pas fort difficile à faire ; mais ce que l'artiste voulait trouver, c'était l'émail blanc ; or, il ignorait même de quelles substances il se composait. Il broyait, il mélangeait presque au hasard les substances les plus diverses, les étalait sur des tessons de poterie dont chacun portait une marque spéciale, et plaçait le tout, soit dans un four à potier, soit dans une verrerie, attendant ce qui en adviendrait. Et chaque fois le résultat était négatif !...

Un jour enfin, un morceau d'une blancheur éblouissante sortit du four : l'émail blanc était trouvé. Si grande fut sa joie qu'il se crut « être devenu nouvelle créature ».

Mais ce n'était pas tout. Ce premier succès obligeait en quelque sorte l'artiste à sortir vainqueur de la difficulté de se procurer la recette des émaux colorés, ces merveilleux émaux aux nuances si vives et si brillantes que Faënza en Italie appliquait seule alors à ses poteries et dont elle avait transmis le secret à Venise.

De ce moment il se construisit de ses propres mains un four, afin de pouvoir surveiller ses opérations sans être gêné par la présence importune d'un tiers. Vingt fois il se crut sur le point de réussir, et puis un accident tout fortuit venait ruiner ses espérances. Si encore la misère ne s'était pas mise de la partie pour tourmenter le malheureux inventeur ! Ah ! la misère n'eût rien été pour lui ! Que lui eût importé de pâtir, alors que sa pensée dominante était la réussite de ses projets ! S'en fût-il seulement aperçu, s'il ne se fût agi que de lui ? Mais il avait femme et enfants ! Excités par leur mère, les enfants criaient famine, et la femme tempêtait sans miséricorde, transformant l'obscur logis en un enfer où l'on ne s'entendait plus. Honni des siens, conspué, Palissy travaillait avec d'autant plus d'ardeur, que réussir était le seul moyen de faire taire les commères acharnées à sa perte, qui criaient qu'il était fou et qu'il

le fallait enfermer. Réussir pour doter la France de
poteries aussi belles que cette coupe émaillée aperçue
un jour par hasard ; réussir pour donner à ses enfants
le pain quotidien qu'ils réclamaient avec tant d'énergie ;
réussir surtout pour calmer le courroux de la ménagère,
la paix était à ce prix.

Un jour, pour ne point laisser éteindre ses fourneaux,
on vit l'artiste brûler jusqu'aux meubles de sa chambre,
jusqu'au bois qui la parquetait ! Empruntons à Palissy
lui-même le dramatique récit de cet épisode :

« Au lieu de me reposer, dit-il, après tant de travaux
effectués et tant de peines éprouvées, il me fallut encore
travailler plus d'un mois, nuit et jour, pour broyer des
matières qui m'avaient donné, dans le four des verriers,
un blanc si admirablement beau. Après avoir broyé les
matières et formé la composition, j'en couvris tous les
vaisseaux que j'avais faits. Je mis le feu au fourneau
par les deux gueules, ainsi que je l'avais vu faire dans
la verrerie, et j'y plaçai mes vaisseaux avec l'espoir de
voir bientôt fondre l'émail.

« J'étais comme un homme désespéré. Bien que je
fusse tout étourdi, non moins par la chaleur que par la
fatigue, je ne laissai pas de m'apercevoir que j'avais
mis en trop petite quantité la matière qui devait faire
fondre les autres. Je me remis donc à piler et à broyer
une nouvelle quantité de cette matière, sans toutefois

laisser refroidir mon fourneau, deux choses qui, faites en même temps, me causaient une extrême fatigue. Quand j'eus ainsi composé de nouveau mon émail, je fus encore obligé, pour en faire l'épreuve, d'aller acheter d'autres pots : ceux que j'avais faits avec tant de peine étaient entièrement perdus. Je mis mes nouvelles pièces d'émail dans le four, et je continuai à chauffer au même degré. Mais là-dessus, il m'arriva un nouveau malheur ; le bois me manqua. Je fus contraint de brûler d'abord les étais qui soutenaient les treillis de mon jardin, et puis les tables et jusqu'au plancher de la maison, pour fondre une seconde composition.

« J'étais dans des angoisses telles, que je ne saurais en donner l'idée. J'étais tout tari et desséché par le labeur et par la chaleur du fourneau ; il y avait plus d'un mois que ma chemise n'avait séché sur moi. Encore, pour me consoler, on se moquait de moi, et même ceux qui auraient dû me secourir allaient crier par la ville que je faisais brûler le plancher ; et, par tel moyen, on me faisait perdre mon crédit et m'estimait-on être fou. »

Si l'on se moquait de lui, pauvre artiste ! On l'accusait de faire de la fausse monnaie ; on ameutait contre lui les gamins du quartier, et lui, pour faire face à toutes les criailleries, payait de ses derniers habits un ouvrier qu'il ne pouvait plus conserver ! Ah ! ce furent de rudes jours !

Si notre infatigable chercheur eût connu au moins le secret de chauffer également toutes les parties de son four, que de déboires il se fût épargnés ! Tantôt il lui arrivait de trouver des pièces brûlées d'un côté et à peine cuites de l'autre ; tantôt, des substances qu'il mélangeait, l'une exigeait un feu vif dont l'éclat calcinait l'autre qui ne demandait qu'un feu doux. Une fois la voûte de son four s'éboula ; une autre fois la cendre, en tourbillonnant, lui perdit un travail dont il espérait beaucoup ; ce qui lui fit trouver les manchons dont on se sert encore aujourd'hui pour protéger le travail.

Ces alternatives de joies et de désespoirs occupèrent seize ans de sa vie.

Il réussit d'abord à faire « quelques vaisseaux de divers émaux entremêlés en manière de jaspes » qui le nourrissent quelques ans ; puis il créa ce qu'il appelle naïvement « des pièces rustiques », c'est-à-dire ces incomparables plats de faïence sur lesquels il groupait des reptiles, des poissons, des coquillages, dans des attitudes si vraies, que cela semble autant d'aperçus de la vie aquatique saisis sur le vif par l'œil d'un homme épris de la nature. On y retrouve le fruit de ses études premières en histoire naturelle ; ses longues stations au bord des sources garnies d'ajoncs s'expliquent par ces créations ; c'est là que le futur artiste, en se penchant à travers l'épais fouillis du marécage, avait surpris le secret de cette vérité de formes et de nuances qui fait le caractère distinctif de son œuvre.

De ses cent voix, la Renommée s'était emparée du nom de l'homme qui faisait des choses uniques, comme on n'en avait jamais vu. Le duc de Montmorency en ouït parler et resta émerveillé de ces chefs-d'œuvre ; il prit alors l'inventeur sous sa haute protection et lui commanda pour le château d'Ecouen, qu'il faisait édifier, un grand nombre de ces splendides faïences, dont on ne retrouve plus, sur place, qu'un pavement. Palissy, paraît-il, fit plus qu'il ne lui avait été commandé ; car on lui attribue les merveilleux vitraux de la chapelle de ce château.

Ces travaux le firent connaître, et bientôt il n'y eut plus assez de ses produits pour décorer les palais et les châteaux des grands. Ce fait est d'autant plus surprenant, que Palissy appartenait à une religion peu en odeur de sainteté à cette époque d'intolérance religieuse.

Tout à coup la persécution éclata, ou plutôt, comme elle était à l'état latent, elle redoubla d'ardeur. Malgré le sauf-conduit que lui avait délivré le duc de Montpensier, qui l'avait chargé de quelques travaux, Palissy vit en 1562 ses ateliers envahis et dévastés, comme lieu de réunion politico-religieuse. Arrêté comme calviniste, il fut conduit dans les prisons de Bordeaux, et il eût infailliblement partagé le sort de tant d'autres de ses coreligionnaires, si le connétable de Montmorency n'eût intercédé pour lui auprès de Catherine de Médicis, qui eut la curiosité de le voir.

Conduit à Paris sous bonne escorte, l'humble travailleur de naguère trouva dans cette femme bizarre une protectrice constante. Mis en liberté par son ordre, Palissy, par reconnaissance, s'attacha au service de la famille royale. Ce fut de ce moment qu'il prit le titre singulier et modeste « d'ouvrier de terre et d'inventeur des rustiques *figulines* », du latin *figulina*, qui signifie : toutes sortes d'ouvrages en poteries. Il construisit ses fourneaux sur l'emplacement alors vide des Tuileries, où l'on en a retrouvé les traces dans des fouilles opérées en 1866, à propos de je ne sais plus quoi. Et c'est là que cette reine, qui était Médicis pour les arts comme pour les poisons, aimait à aller le surprendre dans ses travaux, ou admirer le résultat des efforts de ceux de ses fils qui lui avaient succédé.

Lorsque, vers 1566, Catherine eut entrepris la construction du palais des Tuileries, ce fut encore cet artiste qu'elle chargea de la décoration des jardins, chose à laquelle il était fort expert, puisqu'il a laissé un traité « des jardins délectables » dont l'influence a été fort sensible dans l'arrangement artistique des parcs du temps de Louis XIV.

Il était encore occupé à ces travaux lorsque éclata la Saint-Barthélemy ; ce fut la raison qui lui sauva la vie ; la reine l'épargna par intérêt sans doute, plus que par une bienveillance qu'il n'était guère dans sa nature de ressentir.

Jusqu'à présent nous n'avons vu que l'artiste. Pour bien juger cette grande figure, il nous faut maintenant considérer le savant, l'écrivain, le philosophe. Palissy ne s'accordait qu'une distraction aux travaux qui seuls eussent suffi à immortaliser son nom : c'étaient ses études sur le monde physique; études d'autant plus remarquables, qu'elles contrôlaient et relevaient une foule d'erreurs qui avaient cours sur la plupart des phénomènes naturels, erreurs qui, en dépit de ses efforts, ont survécu plus de deux siècles encore. Il a fallu la légion d'hommes éminents du siècle dernier pour apprécier le mérite de la prescience qui le caractérise et exhumer de l'oubli où il semblait descendu tout entier l'homme de génie qui nous occupe.

En 1575, nous le voyons ouvrir à Paris un cours d'histoire naturelle, où pour la première fois il introduisit dans la chaire des professeurs des faits positifs et des démonstrations rigoureuses.

Pour faciliter ses démonstrations, Palissy avait formé un cabinet de curiosités où il avait réuni et classé « par ordre et par estages avec certains escriteaux au-dessous,

afin que chacun se pust instruire lui-même, plusieurs
choses admirables et monstrueuses tirées de la matrice
de la terre. » C'est vraisemblablement le premier cabinet
d'histoire naturelle qui ait été formé en France.

Il continua ses leçons jusqu'en 1584 avec un succès
toujours croissant, et ce fut vers cette époque qu'il donna
les premières notions de l'origine des fontaines, de la
formation des pierres et de celle des coquilles fossiles,
que, devançant de deux siècles les découvertes des natu-
ralistes, il démontra être de véritables coquilles dépo-
sées par les eaux. Esprit pratique autant qu'artiste, c'est
lui qui le premier constata les effets de la marne en agri-
culture. En parlant des eaux, des moyens de les assainir
et du rôle qu'elles remplissent dans les phénomènes de
la nature, tout ce qu'il a avancé a reçu la sanction de
l'expérience par la marche progressive de la physique,
la découverte des filtres à charbon et des puits arté-
siens.

Voilà le savant. Quant à l'écrivain, son œuvre se
compose de deux ouvrages distincts, écrits en français,
chose rare ; car, ainsi qu'il le dit lui-même, il ne savoit
ni le grec ni le latin. Ces feuilles éparses, longtemps
oubliées, forment deux volumes, dont on a pu dire que
c'était un véritable trésor de sagesse humaine. Ce sont
plutôt des traités que des ouvrages ; ils sont, pour la
plupart, écrits en forme de dialogue entre la théorie

et la pratique. La première, fort orgueilleuse dans tous les temps, mais surtout aux âges d'ignorance où rien ne venait contrôler ses écarts, a presque toujours tort, et est victorieusement combattue et fréquemment humiliée par dame pratique, dont le bon sens, basé sur l'observation des faits, est presque toujours infaillible.

Les dernières années de la vie de Palissy s'éteignirent dans la douleur. Trop patriote pour ne pas déplorer les guerres civiles qui désolaient la France, trop sérieusement religieux pour chercher, comme tant d'autres, à assurer la paix de ses vieux jours par une capitulation de conscience, il se vit, après le triomphe de la Ligue, en butte à la haine des Seize, qui le firent jeter, malgré son grand âge, dans un cachot de la Bastille.

Matthieu de Launoy, un des meneurs, voulait à tout prix que l'illustre vieillard fût, sans plus tarder, mené « au spectacle public », c'est-à-dire à la mort ; mais le duc de Mayenne s'interposa. C'est une bonne œuvre qui doit lui attirer notre indulgence pour tant d'autres méfaits qu'il a commis. Ne pouvant le sauver, il fit traîner son procès, afin de permettre au moins au pauvre artiste, dont la longue carrière avait été marquée par tant de souffrances, de mourir de sa mort *naturelle*. On prétend toutefois qu'on le laissa mourir de misère et de faim, ce qui n'étonne guère, vu les mœurs du temps.

D'Aubigné, dans sa *Confession du sieur de Sancy*,

rapporte un de ces faits que l'on ne saurait passer sous silence. Le faible Henri III, désireux de sauver l'ancien favori de sa mère, se rendit à sa prison pour tâcher de l'amener à une compromission. « Mon bonhomme, lui dit le prince, il y a quarante-cinq ans que vous êtes au service de ma mère et de moi ; nous avons enduré que vous ayez vécu en votre religion parmi les feux et les massacres ; maintenant, je suis tellement pressé par ceux des Guises et par mon peuple, que je me vois contraint de vous livrer entre les mains de mes ennemis, et que demain vous serez brûlé, si vous ne vous convertissez. »

Le vieillard s'inclina, attendri par la bonté du roi, humilié de sa faiblesse, mais inébranlable en la foi de ses pères. « Sire, répondit-il, je suis prêt à donner mon reste de vie pour l'honneur de Dieu. Vous m'avez plusieurs fois dit que vous aviez pitié de moi ; et moi j'ai pitié à mon tour de vous, qui avez prononcé ces mots : *Je suis contraint.* Ce n'est pas là parler en roi, sire ; et ce sont paroles que ni vous, ni les Guises, ni votre peuple, ne pourrez jamais me faire prononcer. Je sais mourir. »

Nous ne saurions mieux résumer cette biographie que par la très juste et poétique appréciation de Lamartine :

« Ce qu'il a découvert de plus précieux dans ses contemplations solitaires, ce n'est pas son art, c'est Dieu, la fin et l'objet de tout art parfait. Il écrit dans ses loisirs ses merveilleuses contemplations ; il épanche son intelligence dans ses cantiques, s'attache avec une foi filiale au culte alors persécuté de ses frères. Il donne sa jeunesse pour son métier, sa maison pour son art ; sa vieillesse, sa liberté et sa vie, pour son Dieu. »

Tel est Palissy.

Des statues lui ont été élevées ; dont une sur une des places d'Agen, et une autre par la ville de Saintes.

DENIS PAPIN,

Qui de vous, enfants, ne s'est attendri sur les malheurs et la raison précoce de ce charmant héros, aussi légendaire parmi vous que le Juif errant l'était parmi nos aïeux, qui a nom le Petit-Poucet? Que nous avons tous rêvé de ses bottes de sept lieues ! Que nous avons tous à certains moments souhaité de les posséder ! aller vite ! vite et loin !.. Quel doux songe !

Certes, il ne sera sans doute jamais distancé, le merveilleux petit bonhomme ; mais notre siècle, siècle des chemins de fer, des ballons, du télégraphe électrique et du téléphone, semble avoir pris à tâche de marcher sur ses traces.

Stephenson, le modeste ouvrier des mines de Cornouailles, a fait faire un progrès immense à l'art des voyages en appliquant la vapeur à la locomotion. Quand, au lieu de la vapeur, ce sera l'électricité qui agira, sans doute cela vaudra mieux encore, quoique, somme toute, le mieux soit quelquefois l'ennemi du bien.

Quoi qu'il en soit, ce ne fut pas Stephenson qui conçut l'idée première du mécanisme ingénieux qui a supprimé les chevaux et presque les distances. Ce fut un Français, nommé Denis Papin, qui vivait il y a longtemps de cela, plus de deux siècles. Or, vous savez que si l'on mesurait la longueur de ces deux derniers siècles aux progrès, aux transformations merveilleuses qu'ils ont vu accomplir, ce serait assurément les plus longs qui aient jamais existé.

Il est comme cela, de loin en loin, des hommes qui devancent leur temps. Hommes prédestinés à vouloir l'impossible, natures vouées au perpétuel supplice de Tantale, ils voient comme à travers un vaporeux mirage ce qui pourrait être et ce qui sera un jour, ils l'indiquent, ils le touchent....; mais un rien les entrave dans leur merveilleuse aspiration vers le progrès, ce mot qui résume l'avenir. Ces hommes sont autant de Moïses cloués par une loi rigoureuse d'impuissance sur la montagne d'où ils ne contempleront que de loin la terre promise.

Papin fut un de ceux-là. Il naquit à Blois le 22 août 1647. Il était fils d'un médecin habile et reçut une éducation soignée, dont il profita. Il embrassa d'abord la profession de son père, qu'il vint exercer avec succès à Paris, après avoir pris tous ses degrés à l'Université de cette ville ; mais une fois ce qu'il savait acquis et bien acquis, il ne le comptait plus et soupirait après d'autres connaissances capables d'assouvir sa soif d'apprendre. C'est ainsi qu'il se livra bientôt à l'étude de la mécanique et de la physique. Cette dernière science donnant satisfaction à son avide intelligence, il se passionna pour elle, d'autant plus qu'il étudiait avec le célèbre Huyghens, qui ne tarda pas à être l'ami de son disciple plus encore que son maître.

Cette amitié décida de l'avenir de Papin. Protestant, et par conséquent atteint en plein cœur par la révocation de l'édit de Nantes, qui le frappait d'ailleurs d'incapacité légale comme tous ses coreligionnaires, il se vit obligé de dire adieu à ce beau pays de France. Où le proscrit irait-il porter ses pas ailleurs que dans cette terre hospitalière et voisine où il comptait déjà tant d'amis dans le monde savant ? Son parti fut vite pris. Il rejoignit Huyghens à Londres ; celui-ci le présenta à Robert Boyle, un autre physicien illustre, qui se prit également ment d'amitié pour le jeune Français, se l'associa dans ses travaux, et le fit en 1681 admettre membre de la Société royale, où on lui assigna les fonctions de curateur salarié.

C'était de l'honneur, mais c'était aussi de la peine. Cela obligeait le jeune récipiendaire à produire de nouvelles expériences à chaque réunion de la Société.

Heureusement, Papin était l'homme qui convenait à ce poste. Travailleur infatigable, il se jouait des difficultés et se posait les problèmes les plus ardus pour avoir la satisfaction de les résoudre. Jamais il ne faillit aux devoirs que lui assignaient ses attributions. Ce fut naturellement dans les séances de la Société qu'il développa le plus grand nombre de ses inventions.

Citons entre autres celle de son fameux digesteur, qui excita le plus vif intérêt. Un soir, il offrit même, paraît-il, à tous les membres de la Société un souper préparé à l'aide du digesteur, souper dont on a retrouvé un compte-rendu fort amusant.

Quelques mots d'explication offriront peut-être de l'intérêt à ceux de nos jeunes amis qui ne savent pas ce que c'est que ce digesteur, connu également sous le nom de « marmite de Papin ». C'était un vase en cuivre étamé, hermétiquement fermé par un couvercle en fer vissé : une véritable chaudière, en un mot. Papin s'était convaincu par des expériences antérieures que l'eau chauffée jusqu'à l'ébullition (100° du thermomètre centigrade) ne change pas de température à l'air libre, tant qu'il reste une goutte d'eau à évaporer ; mais qu'en vase clos, la température de la vapeur s'élève rapidement et peut produire des effets extraordinaires.

Robert Boyle avait déjà eu quelque idée de la force
que l'air et l'eau peuvent fournir lorsque ces matières
sont dilatées par la chaleur ; mais il n'avait point encore
imaginé le moyen d'en faire des applications utiles. Ce
fut Papin qui, en 1678, démontra le premier que les
liquides, par exemple l'eau et l'alcool, entrent en ébullition à une très faible chaleur dans le vide. C'est également Papin qui a inventé la soupape de sûreté, car il
connaissait trop bien la nature de la vapeur pour ne pas
se prémunir contre le danger des explosions qui
peuvent être la suite d'un trop grand degré de tension.

Cette soupape formait une des parties essentielles de
son digesteur, qu'il avait employé à extraire par la
vapeur, à une haute pression, la partie gélatineuse des
os. Il en donna la première description dans un ouvrage
anglais, daté de Londres, 1681, et qui fut traduit en
français l'année suivante. Triste conséquence de l'esprit
d'intolérance politique ou religieuse : que l'œuvre d'un
Français soit connue et appréciée des nations rivales
avant d'avoir obtenu la sanction et les suffrages de la
mère-patrie.

Déjà dans son appareil Papin appliquait à la machine
à vapeur le piston de la pompe ordinaire aspirante et
le faisait mouvoir dans un cylindre, en se servant de la
vapeur pour le soulever. L'énorme force requise par son

digesteur, et les moyens auxquels il fut obligé d'avoir recours pour en maintenir le couvercle, durent lui révéler de bonne heure là puissance de l'agent dont il se servait, et c'est là, sans doute, ce qui le conduisit à poursuivre ses investigations et à leur donner pour but l'application pratique de cet agent comme force motrice.

Papin soumit encore à ses collègues, sur la mécanique, la pneumatique et l'hydrostatique, des mémoires remarquables qui sont conservés dans les *Transactions philosophiques*. Puis un de ses voyages l'ayant mené auprès du landgrave de Hesse, celui-ci, désireux de fixer auprès de lui le savant exilé dont la réputation s'était répandue en Allemagne, lui offrit la chaire de mathématiques de l'Université de Marbourg, que Papin accepta avec reconnaissance et occupa pendant plusieurs années avec un zèle qui ne se démentit pas.

Ce changement de résidence ne nuisit pas aux travaux et aux expériences du jeune professeur, travaux et expériences dont il consignait au fur et à mesure les résultats dans les journaux allemands et anglais de l'époque.

Mais ce qui lui a créé une place à part non seulement parmi les savants de son temps, mais à nos yeux, c'est que dès 1690 il avait publié un mémoire dans lequel se trouve la description la plus méthodique et la plus claire de la machine à feu, connue aujourd'hui sous le nom de machine atmosphérique, ainsi que celle des bateaux à vapeur, pour lesquels il indique même la manière dont il faudrait s'y prendre pour transmettre le mouvement du piston de la machine à des roues à palettes, qui feraient fonction de rames, comme cela se pratique aujourd'hui. Il conseille en outre d'employer sur le même bateau deux machines dont les pistons agiraient alternativement en sens contraire, d'où résulteraient une force constante et des mouvements réguliers.

Empruntons à Arago, juge compétent s'il en fût en semblable matière, son jugement sur l'œuvre de Papin :

« Papin, dit-il dans sa *Notice historique sur les machines à vapeur*, a imaginé la première machine à vapeur à piston. Il a vu le premier que la vapeur aqueuse fournit un moyen simple de faire rapidement le vide dans la capacité du corps de pompe. Il est le premier qui ait songé à combiner dans une même machine à feu l'action de la force élastique de la vapeur avec la propriété dont cette vapeur jouit, et qu'il a signalée, de se condenser par le refroidissement. »

« On s'étonne, dit-il ailleurs, que Papin, si apprécié à l'étranger, n'ait pas même été nommé membre associé de l'Académie des sciences de Paris (1).

------

(1) Papin fut nommé membre correspondant de l'Académie des siences de Paris en 1709 seulement.

Il est vrai, ajoute-t-il, non sans quelque raison, que ses contemporains ne pouvaient guère apprécier le mérite d'une découverte qui ne devait recevoir son application qu'un siècle plus tard. »

La sagacité de Papin s'exerçait sur tous les objets qui se trouvaient à sa portée, comme nous pouvons nous en convaincre en parcourant la liste de ses divers mémoires et traités, qui, par parenthèse, n'ont jamais été rassemblés et coordonnés en un corps d'ouvrage ; lacune regrettable et que la science a peut-être à déplorer.

Nous y trouvons entre autres : *Description d'une nouvelle canne à vent qui se décharge par la raréfaction de l'air ; — Moyen de conserver du feu sous l'eau ; — Sur la manière de dessécher les marais, etc.*

Dans ses fréquents voyages en Angleterre, il avait été le témoin d'expériences fort intéressantes tentées par divers individus pour rendre les navires indépendants des vents et des marées. Dans ces divers essais on n'avait jamais cherché à déterminer la marche des bateaux que par des roues à aubes mues par des hommes. Ces tentatives avaient surexcité le génie inventif de notre savant ; de retour dans sa paisible demeure de Marbourg, il se retrace par la pensée les scènes auxquelles il a assisté, les efforts de ces hommes suant sang et eau pour aider les lourdes palettes à se mouvoir. Sa tête se penche, son front se contracte, il s'absorbe....

Il a conçu la pensée de remplacer la force humaine, toujours limitée, par une force infatigable, c'est-à-dire d'employer la vapeur pour faire tourner les roues à aubes.

De ce moment il n'a plus qu'un objectif : donner un corps à cette idée, réaliser sa conception par la construction d'une machine *ad hoc*. Quels travaux, quelles études, quels efforts ne fallait-il pas pour en arriver là ! Quels déboires affronter ! quels échecs se préparer à essuyer ! Nous sommes jusqu'à un certain point initiés à cette partie de la vie de Denis Papin par la longue correspondance qui s'établit, à ce sujet, entre lui et le savant Leibnitz, bien digne d'être son ami, correspondance conservée avec un soin pieux à la Bibliothèque royale de Hanovre. Les mois, les années s'écoulent, et Papin travaille toujours. Enfin il a réussi. Il a fait construire un bateau et y a ajusté une machine modèle qui marche à souhait, « servie par un ou deux hommes capables de faire l'effet d'une centaine de rameurs. » Mais comme c'est à Londres qu'il a vu les expériences qui ont déterminé la recherche du brillant résultat qu'il vient d'atteindre, il tient à ce que ce soit l'Angleterre, sa seconde patrie, qui soit juge et témoin de ce résultat, qui l'acclame et en ait le premier profit.

Ce ne fut pas sans difficulté que Papin obtint des

autorités la permission de faire passer son bateau de la
Fulde, au bord de laquelle il avait été construit, dans
le Weser, à Munden. Mais, hélas ! qu'étaient ces difficultés préliminaires, comparées au sort qui attendait le
premier bateau à vapeur ? Les bateliers et les mariniers
du Weser, jaloux de leurs privilèges et attribuant au
diable cette embarcation qui se meut presque sans
secours humain, qui souffle et se tourmente comme la
bête de l'*Apocalypse*, les mariniers, disons-nous,
attaquent le pauvre bateau sans défense, et n'ont pas
grand'peine ni grand mérite à le mettre en pièces.
C'était le coup le plus cruel qui pût frapper notre inventeur, d'autant qu'il était plus inattendu et que l'on avait
moins songé à le parer.

Dans ce désastre, une seule consolation reste à Denis
Papin : le modèle de la machine est sauvé (1) ; ce n'est
que partie remise : recommençons. Malheureusement,
les tâtonnements qui marquent les débuts des grandes
choses coûtent cher à leurs auteurs. D'autres en profi-
teront assurément et en tireront gloire et profit ; mais
lui, le chercheur infatigable, le véritable pionnier, l'inventeur, qu'en retire-t-il? Détresse physique et morale.

---

(1) Décidément Papin n'avait pas de chance avec ses compatriotes. On
raconte que le modèle de la machine fut envoyé à Cassel et y fut soi-
gneusement conservé jusqu'à l'occupation de cette ville par nos troupes,
en 1806. A cette époque, il disparaît, brisé dans le sac de la ville.

Papin en fit la rude expérience. Ses économies avaient passé tout entières à cette tentative hardie ; il écrivit à la Société de Londres, dont les membres l'avaient toujours traité en ami, pour lui exposer la catastrophe dont il était victime, et la prier de lui procurer les fonds pour renouveler son expérience réellement décisive.

La Société se trouvait-elle dans une période de pénurie ? Il faut le croire, car elle refusa net à Papin l'avance qu'il avait sollicitée. Cela mit le comble au désespoir du pauvre inventeur. Réduit à une gêne bien voisine de la misère, il s'éteignit deux ans après, rêvant encore à l'application de la vapeur à la locomotion.

Une statue en bronze, due au ciseau de David d'Angers, lui a été élevée à Blois. Tardif hommage que la France devait assurément à la mémoire d'un de ses plus nobles enfants.

BENJAMIN FRANKLIN,

NÉ A BOSTON EN 1706 , MORT A PHILADELPHIE (ÉTATS-UNIS
D'AMÉRIQUE) EN 1790.

De nos jours — c'est affaire de préjugé sans doute, et
cela se passera — on ne lit plus les anciens. Les *Vies*
de Plutarque sont démodées, et le *Télémaque* est relégué
parmi les œuvres que l'enfance a en grippe, parce qu'il
est passé livre classique. Cependant ces livres ont du
bon ; qu'on en juge par leur œuvre : ce sont eux qui
ont fait Franklin.

J'espère que nul d'entre vous, enfants, ne me deman-
dera ce que c'était que Franklin. Vous le connaissez
tous, l'illustre Américain, inventeur du paratonnerre, du
cerf-volant électrique, et du moyen de calmer la violence
des flots en répandant de l'huile sur la surface de la
mer, créateur en 1738 de l'assurance contre l'incendie

et du premier cabinet littéraire, novateur hardi, politique honnête et travailleur infatigable. Mais il est bon de vous raconter cette vie toute consacrée au bien et à la vertu.

Benjamin Franklin naquit le 17 janvier 1706, à Boston, dans une condition peu enviable, comme dernier né d'une famille de seize enfants! Aussi dut-il de bonne heure seconder son père, modeste fabricant de chandelle et de savon; ce qui semblait le vouer d'avance à une vie d'ignorance.

Cela ne faisait pas le compte du jeune Benjamin, qui s'initia tout seul aux mystères de la lecture, et montra pour l'étude une inclination si marquée, que son père conçut un moment la pensée d'en faire un ministre du culte. C'est avec cet espoir qu'il lui permit, en 1715, de fréquenter une école primaire. Toutefois cela ne dura qu'un an, juste le temps qu'il fallut à l'enfant pour apprendre à bien faire une facture; ce qui, aux yeux d'un Yankee, constitue, même de nos jours, l'idéal de l'éducation. L'école était trop chère, et l'éducation de collège prépare mal à une vie d'ouvriers, telle que celle que le père prévoyait pour son Benjamin.

Les besoins croissants de la famille rendaient le concours de tous nécessaire pour le salut de tous; et à dix ans Benjamin revint au domicile paternel, où l'attendaient les devoirs d'un précoce commis.

BENJAMIN FRANKLIN.

Cela ne faisait pas le compte du gamin, qui s'était mis en tête d'entrer dans la marine, et s'y préparait en esquivant les travaux de la fabrique et en les remplaçant par des exercices de natation et de canotage qu'il avait appris seul, comme la lecture. Ce fut un vrai chagrin pour le père de renoncer à son rêve d'attacher l'enfant à la maison ; néanmoins, il pensa qu'un apprentissage à l'intérieur, en dépaysant l'enfant, en lui faisant perdre de vue la mer, en lui créant un nouvel intérêt, dompterait sa turbulence naturelle. Il le mit donc chez un coutelier.

Le remède ne fut efficace qu'à demi ; Benjamin renonça à la passion des voyages pour revenir à celle de la lecture. Les quelques sous qu'on lui donnait de loin en loin passaient tous en achat de livres, car les livres étaient rares ; et chez lui Franklin n'avait trouvé que deux ouvrages ; mais ces ouvrages, comme il nous l'apprend lui-même, devaient avoir et eurent en effet une grande influence sur sa destinée. Etait-ce un bien ? était-ce un mal ? Plus on trouve d'aliment à une frivole curiosité, plus on lit vite : on dévore. Mais, dans le domaine intellectuel comme dans le domaine phsyique, les excès produisent l'indigestion. Un livre bien lu, bien digéré, bien commenté, fait plus de bien que cent livres parcourus à la hâte et sans profit.

Toujours est-il que l'un des ouvrages favoris du

jeune Benjamin était les *Vies* de Plutarque ; l'autre, l'*Essai sur les projets*, par de Foë, l'auteur de *Robinson Crusoé*. Ce livre, peu connu en France, traite de tous les projets d'utilité générale applicables aux sociétés modernes. Il a pour but le perfectionnement du commerce, à quoi on peut employer utilement les pauvres, l'indication des moyens les plus propres à augmenter les richesses publiques. Voyant cet amour pour les livres, le père se dit qu'on pourrait faire de l'enfant un imprimeur, et à cet effet il le plaça chez un de ses frères, déjà établi dans cette partie. C'est là qu'il débuta dans les lettres par deux chansons — vraies complaintes d'aveugle s'il en fût, ce qu'il confesse lui-même — qui lui firent supposer qu'il serait un jour poète. Mais son père, qui, tout ouvrier qu'il était, avait un grand sens, lui fit comprendre que rien n'était plus commun que le nom et plus rare que la chose, et, lui démontrant clairement le ridicule de ces vers, le sauva du malheur de n'être toute sa vie qu'un méchant rimailleur.

Il se prit alors de la manie d'écrire et engagea avec un de ses amis une controverse sur l'éducation des femmes. Mais il écrivait comme pouvait le faire un jeune homme qui n'avait reçu que l'éducation imparfaite et sommaire que nous connaissons. Son père lui fit encore remarquer la différence qui caractérisait son style de celui de son ami. Franklin se piqua d'honneur.

Justement, à cette époque, un volume du *Spectateur* d'Addison lui tomba sous la main. Il l'ouvrit, le lut, le relut, le savoura. Cela c'était du style ! un style élégant, correct, gracieux. Ce fut son chemin de Damas. Dès lors, il prit l'habitude de faire de courts extraits de cet auteur favori. Il les laissait reposer quelques jours sans y penser, puis s'exerçait à les recomposer, et comparait son style à celui de l'original : c'est ainsi qu'il voyait les fautes et les corrigeait. D'autres fois il traduisait tel ou tel morceau de prose en vers ou de vers en prose, pour voir ce qu'ils avaient à gagner ou à perdre dans ces altérations successives. Une autre fois il mêlait tous ces extraits, et cherchait ensuite à les rétablir dans le meilleur ordre.

Et ne vous figurez pas que pour ces études il avait les facilités et les loisirs que vous avez, vous, enfants de nos écoles, espoir de notre France, jeunes générations qui êtes l'avenir ! Il n'avait de libres que de rares instants le soir, quand la besogne était finie ; le matin avant qu'elle commençât.... et elle commençait de bonne heure ! Il joignit à cet apprentissage littéraire des études plus sérieuses encore : les mathématiques, la géométrie, les sciences naturelles.

Il serait trop long de suivre pas à pas dans la vie cet

homme dont les débuts furent si modestes et l'influence si prépondérante. Disons en deux mots que son frère ayant fondé la seconde gazette qui ait paru en Amérique, c'est là qu'il fit le premier essai de ce savoir si péniblement acquis, mais si étendu, si multiple et si justement admiré, et qu'il se rendit compte de la puissance de l'arme qu'il avait dans la main.

Des démêlés avec son frère lui firent quitter l'imprimerie de celui-ci et jusqu'à l'Amérique. Arrivé à Londres, sans amis, sans crédit et presque sans argent, il végéta obscurément dans les ateliers, malgré quelques écrits qui le firent distinguer.

Il revint à Philadelphie en 1726 et travailla d'imprimerie en imprimerie jusqu'au moment où un de ses amis, nommé Mérédith, lui offrit des fonds pour monter une association de compte à demi. Telle fut l'origine de la fortune et de la gloire de Franklin, qui ne tarda pas à rester seul propriétaire de l'établissement qu'il avait fondé.

Il eut son journal à lui, où il débuta comme écrivain politique, et eut un très grand succès. Ses affaires bien menées prospérèrent. C'est à lui qu'il fallait entendre raconter la peine qu'il prit pour gagner l'estime publique, travaillant le matin avant le jour, et le soir bien avant dans la nuit, s'imposant une tâche et ne se couchant jamais qu'elle ne fût achevée, embrassant, en

un mot, le genre de vie le plus sage, le plus laborieux
dont un homme vertueux soit capable.

En 1732, il créa l'*Almanach du bonhomme Richard*,
auquel il dut la moitié de sa popularité et dont il réunit
plus tard les principaux articles dans un livre qu'il
intitula *Le chemin de la fortune*. Cet almanach, œuvre
morale et charmante à la fois, pleine d'idées neuves et
originales, pour le fond comme pour la forme, est resté
le chef-d'œuvre des livres populaires. Les proverbes ou
aphorismes qui émaillent cette publication sans précé-
dent donnent l'idée la plus haute comme la plus juste
de la subtilité, de la profondeur d'esprit de son auteur.
Citons-en quelques-uns : « Le carême est bien court
pour ceux qui doivent penser à Pâques. — C'est folie
d'employer son argent à acheter un repentir. — Un
laboureur sur ses jambes est plus haut qu'un gentilhomme à genoux. »

Il avait un rare bon sens, qui lui faisait envisager avec
une étonnante lucidité toutes les circonstances grandes
ou petites de l'existence, et un cœur si noble, qu'il s'in-
téressait au bonheur de l'humanité tout entière. Nul n'a
su aussi bien que lui développer les préceptes de la plus
pure morale, et donner pour base à celle-ci les devoirs
de l'amitié et de la charité universelles ; de l'utile emploi
du temps, « qu'il ne faut point gaspiller, car c'est l'étoffe
dont la vie est faite » ; l'impérieuse nécessité de faire

concorder l'intérêt privé avec l'intérêt général. Nul n'a su mieux démontrer et faire ressortir les fruits légitimes du travail et les jouissances que procurent les vertus sociales.

Mais ce qui eût suffi à occuper la vie d'un autre homme, n'était qu'un accessoire dans celle de Franklin.

Quelques physiciens français, qui s'étaient proposé spécialement l'étude des phénomènes dus à l'électricité, venaient de faire des découvertes qui avaient eu un immense retentissement jusqu'au cœur même du continent américain. Ce fut Franklin qu'on chargea de vérifier leurs expériences. Ses premiers essais l'amenèrent tout de suite à la constatation de deux électricités reconnues et établies par Dufay : la foudre ascendante et la foudre descendante. Il reconnut aussi le premier le pouvoir que les pointes possèdent de déterminer lentement et à distance l'écoulement de l'électricité. Il conçut aussitôt le projet de faire descendre ainsi sur la terre l'électricité des nuages — si toutefois les éclairs et la foudre étaient des effets de l'électricité. — Il entrevit la possibilité de neutraliser, à l'aide de ce moyen, les désastres alors si fréquents causés par la foudre.

Un simple jeu d'enfant lui servit à résoudre ce hardi problème ; il éleva un cerf-volant par un temps d'orage, suspendit une clef au bas de la corde et essaya d'en tirer des étincelles ; tant que la corde resta sèche, l'expérience ne produisit aucun résultat ; mais une pluie légère étant survenue et l'ayant mouillée, en augmenta la conductibilité, et le phénomène que cherchait Franklin se produisit à sa grande joie. Cette expérience était grosse de dangers ; car, si la corde avait été plus humide, Franklin serait tombé foudroyé, et sa découverte eût péri avec lui. Il en fut quitte pour une forte secousse, qui ne l'incommoda qu'un instant. Il conçut immédiatement le projet de neutraliser les effets de la foudre au moyen du paratonnerre, qui fut en peu de temps adopté dans toute l'Amérique, et, de là, passa en Europe, où vous savez les services qu'il rend.

Franklin, toujours occupé de choses pratiques, fut le précurseur de Rumford dans les recherches sur les moyens de chauffage économique et résolut par la voie des expériences qui lui étaient familières des questions hydrodynamiques assez difficiles.

Mais ces expériences devaient coûter fort cher ? me direz-vous.

Pas le moins du monde. Il ne faisait point, comme tant d'autres, venir ses instruments des meilleures fabriques d'Europe : c'étaient là des frais devant lesquels sa sagesse et sa prudence reculaient. « Lorsqu'on ne sait pas percer avec une scie et scier avec une vrille, il ne faut pas se mêler de faire des expériences, » disait-il en souriant à ceux qui s'étonnaient de la simplicité rudimentaire des appareils dont il disposait. Il suppléait à ce qui lui manquait avec une dextérité extrême, et, comme on le voit, cela ne l'empêchait pas de réussir.

A partir de 1747, tout en continuant à suivre les progrès des sciences avec intérêt, Franklin quitta le milieu modeste où il s'était mû jusqu'alors, comme simple particulier, comme négociant, comme savant ou comme philosophe. La vie publique, avec ses grands devoirs, ses hautes préoccupations, l'absorba tout entier.

Nous ne nous occuperons pas de Franklin comme homme politique. Qu'il nous suffise de dire que partout où l'estime de ses compatriotes l'envoya, il se montra au niveau des missions qui lui furent confiées. Quand les patriotes américains et les partisans de l'administration anglaise se séparèrent en deux camps bien tranchés, ce fut à qui des deux partis rattacherait à sa cause un homme dont les talents et l'influence pouvaient lui être si utiles; c'est ainsi que Franklin fut appelé par le gouvernement anglais aux lucratives fonctions de directeur général des postes des colonies anglo-américaines, sinécure qui ne lui fit pas un moment oublier ce qu'il devait à ses concitoyens.

Comme délégué de la Pensylvanie devant le parlement anglais, lors des plaintes trop légitimes qui précédèrent et motivèrent la scission entre les colonies d'Amérique et l'Angleterre, il se fit remarquer par son admirable plaidoyer en faveur des Américains, plaidoyer où sa parole incisive trouva des accents superbes et qui fera blâmer dans tous les temps la guerre que la métropole leur déclara.

En 1776, nous retrouvons Franklin à Paris, comme ambassadeur des colonies anglaises qui venaient de se constituer en États-Unis d'Amérique. Ce ne fut pourtant qu'à partir de 1778 que Louis XVI, ayant enfin pris le parti de reconnaître l'acte d'indépendance des Américains, le reçut officiellement à Versailles, où sa grande réputation l'avait précédé. Il y fut accueilli avec la plus profonde considération ; ceux mêmes qui ne le connaissaient point, surpris de son extérieur imposant, si différent de celui de nos jolis damerets, se demandaient avec une curiosité tempérée par le respect : « Quel est donc ce vieux paysan qui a l'air si noble ? » Ce fut à cette époque que se vendit partout à Paris le fameux portrait au bas duquel était gravé ce vers, qui obtint un grand succès et qu'on attribua à Turgot :

Eripuit cœlo fulmen sceptrumque tyrannis (1).

Racontons ici une anecdote assez piquante qui se rapporte au séjour de Franklin à Paris.

Un jour, il dînait en compagnie de l'ambassadeur

---

(1) Il arracha la foudre aux cieux et le sceptre aux tyrans.

d'Angleterre chez un haut fonctionnaire français. Quand fut arrivé le moment du dessert, c'est-à-dire des toasts, l'ambassadeur se leva et porta celui-ci : « A l'Angleterre ! le brillant soleil dont les rayons illuminent le monde ! »

Le Français, pour mettre d'accord le patriotisme et la politesse, répondit : « A la France ! la lune dont les doux rayons dissipent les ombres de la nuit ! »

Vint le tour de Franklin, dont on examinait la contenance d'un air inquisiteur. Il se leva sans manifester le moindre embarras, et avec un sourire légèrement ironique : « Au général Georges Washington, dit-il, le Josué qui a commandé au soleil et à la lune de s'arrêter ! »

En quittant la France, Franklin reçut de ses concitoyens une marque d'estime et de reconnaissance à laquelle il fut très sensible : il fut nommé président du congrès particulier de la Pensylvanie. Il avait alors soixante-dix-huit ans ; et jusqu'à sa mort toutes ses pensées ne cessèrent pas un instant d'être dirigées sur les moyens d'être utile à ses concitoyens. Ses dernières années furent affligées par une cruelle maladie, et il s'éteignit le 17 avril 1790, à l'âge de quatre-vingt-quatre ans. Sa mort plongea l'Amérique dans une consternation générale ; le congrès et la population entière de Philadelphie rendirent les plus grands honneurs à sa mémoire.

Lorsqu'on apprit à Paris la nouvelle de la mort de
l'illustre Américain, tous les esprits généreux en ressen-
tirent une impression profonde. Le 12 juin de cette
même année, Mirabeau monta à la tribune de l'Assemblée nationale et fit entendre ces nobles paroles :

« Franklin est mort.... Il est retourné au sein de la
Divinité, le génie qui affranchit l'Amérique et versa sur
l'Europe des torrents de lumière, l'homme que deux
mondes réclament, le sage que l'histoire des sciences et
celle des empires se disputent, cet homme qui tenait
un rang si distingué dans la politique et dans l'espèce
humaine.... Il est mort ! Assez longtemps les cabinets
politiques ont notifié la mort de ceux qui ne furent
grands que dans leurs oraisons funèbres ; assez longtemps l'étiquette des cours a proclamé des deuils
hypocrites. Les nations ne doivent, ce me semble, porter
le deuil que de leurs bienfaiteurs. Les représentants des
nations ne doivent recommander à leurs hommages que
les héros de l'humanité.

« Le Congrès a ordonné dans l'étendue des quatorze
cantons confédérés deux mois de deuil, et l'Amérique
acquitte en ce moment le tribut de vénération et de
reconnaissance pour l'un des pères de sa constitution.
Ne serait-il pas digne de vous, messieurs, de vous unir
à cet acte religieux, de participer en quelque sorte à
cet hommage rendu, à la face de l'univers, à l'homme

qui a le plus contribué à assurer les droits des hommes? L'antiquité eût élevé des autels à ce vaste et puissant génie qui, au profit des mortels, embrassant dans sa pensée le ciel et la terre, sut dompter la foudre et les tyrans. La France éclairée et libre doit donner, du moins, un témoignage de regrets et de souvenir à l'un des plus grands hommes qui aient jamais servi la philosophie et la liberté. Je demande qu'il soit décrété que l'Assemblée nationale portera pendant trois jours le deuil de Franklin. »

Cette motion de Mirabeau fut adoptée par acclamation.

Ainsi le nouveau et l'ancien monde s'accordèrent pour pleurer un sage dont les vertus et le génie avaient honoré l'humanité.

Le testament de Franklin se trouva, comme sa vie, rempli d'intentions généreuses et patriotiques. Il y fondait plusieurs institutions utiles et ajoutait à celles qu'il avait déjà créées.

Nous ne pouvons résister au désir de résumer cette vie si pure, si austère, si remplie, par la belle page que M. Mignet lui a consacrée dans un de ses ouvrages :

« Franklin eut tout à la fois le génie et la vertu, le bonheur et la gloire. Sa vie, constamment heureuse, est la plus belle justification des lois de la Providence. Il ne fut pas seulement grand, il fut bon ; il ne fut pas seulement juste, il fut aimable. Sans cesse utile aux autres, d'une sérénité inaltérable, enjoué, gracieux, il attirait par les charmes de son caractère, et captivait par les agréments de son esprit. Personne ne comptait mieux que lui. Quoique parfaitement naturel, il donnait toujours à sa pensée une forme ingénieuse, et à sa phrase un tour saisissant. Il parlait comme la sagesse antique, à laquelle s'ajoutait la délicatesse moderne. Jamais morose, ni impatient, ni emporté, il appelait la mauvaise humeur « la malpropreté de l'âme », et disait que la vraie politesse envers les hommes doit être la bienveillance.

« Son adage favori était que la noblesse est dans la vertu. Cette noblesse qu'il aida les autres à acquérir par ses livres, il la montra lui-même dans sa conduite. Il s'enrichit avec honnêteté; il se servit de la richesse avec bienfaisance ; il négocia avec droiture; il travailla avec dévouement à la liberté de son pays et au progrès du genre humain. Sage, plein d'intelligence, grand homme plein de simplicité, tant qu'on cultivera la science, tant qu'on admirera le génie, qu'on goûtera l'esprit, qu'on honorera la vertu, qu'on voudra la liberté, sa mémoire sera l'une des plus respectées et des plus chéries. Puisse-t-il être utile encore par ses exemples, après l'avoir été par ses actions! L'un des bienfaiteurs de l'humanité, qu'il reste un de ses modèles ! »

Plusieurs années avant sa mort, Franklin avait composé pour lui-même l'épitaphe qui se lit sur son tombeau, et que nous reproduisons ici, pour montrer la tournure singulière qu'affectait quelquefois cet esprit remarquable :

« Ici repose, livré aux vers, le corps de Benjamin Franklin, imprimeur, comme la couverture d'un vieux livre dont les feuillets sont arrachés et la dorure et le titre effacés. Mais, pour cela, l'ouvrage ne sera pas perdu ; car il reparaîtra, comme il le croyait, dans une nouvelle et meilleure édition, revue et corrigée par l'auteur. »

JOSEPH-MARIE JACQUARD,

NÉ A LYON LE 7 JUILLET 1752, MORT A OULLINS LE 7 AOUT 1834.

C'était au siècle dernier. Lyon était déjà la ville manufactière par excellence, la productrice des soies ouvrées dont s'enorgueillissait à bon droit notre noblesse ; mais à quel prix ! Dans les quartiers ouvriers, par toutes les portes entrebâillées, on entendait le bruit monotone des métiers des tisserands, lourd assemblage de cordages et de pédales qui, pour être mis en branle, nécessitait le concours de plusieurs individus.

Si la famille était nombreuse, cela allait bien ; mais s'il fallait prendre des aides au dehors, c'était coûteux ; on y regardait, et alors le pauvre bambin auquel son âge eût permis les plus innocentes récréations avait-il à peu près la force requise : « Vite au métier, disait le père ; toi, tu seras tireur de lacs. » Adieu alors les jeux et les gamineries du jeune âge, les folles courses et les rires joyeux et sonores ! L'enfant était enrégimenté dans le grand bataillon des travailleurs, qui accepte volontiers les recrues, mais ne tolère pas les désertions.

Tel fut le sort du jeune Jacquard. Il naquit à Lyon le 7 juillet 1752. Son père était ouvrier en étoffes brochées, sa mère liseuse de dessins, et lui-même fut de bonne heure tireur de lacs consommé. Les lacs étaient des espèces de cordes dont on se servait alors pour faire mouvoir la machine destinée à former le dessin. Malheureusement, on payait cher cette renonciation à la liberté et à la gaieté de l'enfance ! Joseph-Marie Jacquard en sut quelque chose : sa santé s'altéra. Ce fut peut-être à cette circonstance qu'il dut le tour sérieux de son esprit. En présence de ce travail aussi abrutissant que pénible, l'enfant, porté par un goût très prononcé vers la mécanique, rêvait déjà sa suppression.

A cette époque, loin d'être gratuite et obligatoire, l'instruction était chose fort rare, et on en faisait aisément bon marché ; cependant notre jeune ouvrier, qui, plus qu'un autre, eût pu s'en dispenser, puisque toutes ses heures étaient occupées ailleurs, prenait sur ses rares loisirs le temps d'apprendre presque tout seul à lire, à écrire et à compter ; aussi, quand il eut

JOSEPH-MARIE JACQUARD.

atteint onze à douze ans et qu'il fut bien avéré qu'il ne pouvait, sans un danger très réel pour ses jours, continuer à travailler dans la maison paternelle, trouva-t-il aisément une place, d'abord chez un relieur, puis dans une grande fonderie de caractères d'impression.

Dès cette époque, il était constamment occupé de mécanique et signalait son génie naissant par de petites inventions utiles aux différents états qu'il avait appris. Mais ses méditations continuelles avaient un grand inconvénient dont il était seul à ne pas s'apercevoir : elles lui faisaient négliger le travail matériel qui lui était indispensable pour vivre ; d'où il résultait que, malgré son intelligence, sa probité et sa bonne conduite notoire, il végétait dans la gêne, alors qu'il eût pu se faire une existence facile.

Il n'avait guère que vingt ans lorsqu'il perdit son père. Celui-ci lui laissait, en outre de la maison qui avait abrité son enfance, un bien modique capital, fruit de longues économies. Le désir de rester dans la maison paternelle fit prendre à Jacquard un parti fort sage en apparence : celui de monter une fabrique de tissus façonnés, dans laquelle il occupa un certain nombre d'ouvriers. L'isolement où le plongeait la mort de ses parents fit naître en lui le désir de se reconstituer une famille. Il rechercha en mariage une jeune fille douée des qualités les mieux faites pour assurer son bonheur,

Claudine Boichon. Les parents accueillirent si favorable-
ment sa demande, qu'ils s'engagèrent spontanément à
fournir une fort jolie dot pour l'époque, dot qui n'était
point à dédaigner pour un homme dans les affaires.

Le mariage se fit ; mais, hélas ! il est des gens pour
qui promettre et tenir font deux. Peu intéressé de sa
nature, Jacquard n'avait point exigé le versement de la
somme promise. Mais le moment vint où la fabrique eût
nécessité une mise de fonds plus considérable ; il
réclama ce qui lui était dû en bonne justice et apprit
alors le fond qu'il fallait faire sur les promesses de
l'armurier Boichon, son beau-père.

Malheureusement, sa situation s'aggravait ; son inex-
périence commerciale, sa droiture, ses incessantes
recherches pour perfectionner le tissage, ne tardèrent
pas à amener sa ruine. Il eut à souffrir des railleries de
ses rivaux, des reproches d'incapacité de ses amis, des
accusations de ses créanciers, et des difficultés que lui
suscitait la famille de sa femme.

Seule, celle-ci avait su comprendre le pauvre artiste ;
elle entreprit de le consoler ; courageuse et ferme dans
l'adversité, elle laissa vendre à l'encan sans se plaindre
les deux métiers, ses bijoux et jusqu'à son lit, pour
payer les dettes contractées pour les essais de son
mari. Du reste, la maison paternelle, toit cher et sacré
que Jacquard eût voulu conserver à tout prix, y passa,

et le jour vint où le pain manqua tout à fait au jeune
ménage.

La famille n'intervint pas davantage, et, la mort dans
le cœur, Jacquard dut enfin quitter sa bien-aimée
Claudine et le petit enfant sur lequel se concentrait
leur double tendresse, prendre le bâton du voyageur et
s'en aller chercher fortune ailleurs.

On lui avait procuré une place de chauffeur dans une
vaste fabrique de chaux du Bugey. La jeune femme
entra sans murmurer dans un magasin de chapeaux de
paille, et de ces mêmes doigts qui avaient si habile-
ment manié les couleurs et nuancé l'or et la soie sur les
métiers de son mari, elle tissa la tige du riz et du seigle
pour faire les chapeaux des élégantes de l'époque.

Des années s'écoulèrent. On était en 1792 ; les événements marchaient ; la France était en pleine effervescence
révolutionnaire, et Jacquard, âme enthousiaste, cœur
de lion, embrassa avec ardeur la cause de la République.

Lyon étant menacé en 1793, il accourut prendre
place parmi les défenseurs de cette ville durant le siège
célèbre qu'elle soutint contre l'armée de la Convention,
et dans lequel elle tint avec une poignée de jeunes
hommes ne connaissant rien aux choses de la guerre,
pendant deux mois et six jours, contre une armée de
troupes aguerries. Jacquard ne tarda pas à se faire
distinguer par sa bravoure ; il fut nommé sous-officier

dans les avant-postes, où l'on était sûr de le rencontrer toujours au point le plus menacé avec son fils, alors âgé de quinze ans.

La reddition de Lyon, après cette résistance désespérée, fut suivie d'une réaction trop naturelle durant ces temps de trouble. La terreur y entra, en traînant après elle les proscriptions, l'échafaud et les mitraillades. Jacquard trouva des dénonciateurs et ne dut son salut qu'à son fils, qui, s'étant fait délivrer deux feuilles de route de soldat, l'emmena avec lui pour rejoindre le 1er bataillon du régiment de Rhône et Loire, où il s'était engagé comme volontaire. Nommé membre du conseil de discipline, Jacquard avait, en cette qualité, la surveillance d'un certain nombre de disciplinaires, prisonniers dans un petit village près de Haguenau. Un jour, le canon se fait entendre à l'improviste. Jacquard saute sur ses armes : « Camarades, crie-t-il, qui m'aime me suive. Je promets rémission à tous ceux qui iront demander des fusils pour se battre. »

Quelque temps après, le fils, qui ne s'épargnait pas plus que le père, tomba victime de son dévouement et de son courage ; blessé mortellement dans un combat, il expira entre les bras de son père. Celui-ci, désespéré de la perte de ce fils unique, renonça à tous les rêves de gloire qu'il avait caressés avec le cher absent, quitta le service et reprit la route de Lyon. Il y chercha vainement la maison qui avait abrité l'heureuse famille à trois ; elle était devenue la proie des flammes, et partant il ignorait le sort de sa femme, qu'il y avait laissée, mais qu'il n'avait pu ni prévenir de sa fuite ni informer du lieu de sa retraite. Longtemps il travailla à la découvrir, redoutant chaque jour d'apprendre que la douce et fidèle compagne des mauvais jours courageusement traversés avait subi le sort de tant d'innocents, condamnés sans motif aucun par les tribunaux révolutionnaires. Enfin un heureux hasard le mit sur la piste de celle qu'il cherchait ; reprenant alors son noble rôle de consolatrice, la mère, quoique frappée au cœur par la mort de son bien-aimé d'un coup dont elle ne devait pas se relever, s'efforça de ranimer l'espérance dans l'âme de son cher époux.

Certes, les circonstances n'étaient pas brillantes. La pauvre femme, qui avait pu un moment caresser l'espoir d'un sort tranquille, était réfugiée dans un grenier, où elle gagnait à peine sa vie en tissant encore la paille pour les chapeaux. Son mari fut lui-même pendant quelque temps réduit à partager cet ingrat travail, car enfin il fallait vivre !

Sous la douce influence de son aimable compagne, Jacquard réagit contre la douleur qui l'avait terrassé ; il reprit courage et retrouva l'énergie nécessaire pour continuer l'œuvre à laquelle il avait voué sa vie, car il voyait pâtir trop de petits tireurs de lacs pour avoir oublié les souffrances de ses premiers débuts dans la carrière. Dès 1790 il avait conçu l'idée d'un métier qui supprimerait l'opération du tirage. Les tristes événements qu'avait traversés la patrie l'avaient seuls détourné de sa vocation naturelle.

Il travaillait donc le jour comme simple ouvrier chez un maître fabricant ; la nuit, il taillait avec son couteau les poulies et les bobines de sa mécanique. Il la termina en 1800 et put, dès l'année suivante, en soumettre un modèle à l'exposition. Le jury lui décerna une médaille de bronze, mais resta sans enthousiasme pour cette machine qui devait tarder si longtemps encore à être appréciée à sa juste valeur. Le 13 décembre 1801, Jacquard prit un brevet d'invention.

Ces travaux incessants ne l'empêchaient point de cultiver avec fruit la lecture. Ses communications avec le dehors étant devenues plus faciles, la *Science du bonhomme Richard*, œuvre par laquelle le patriote américain Franklin répandait au dehors ses sages préceptes, lui tomba sous la main. Il la lut et la relut, et nous trouvons la preuve de l'impression que cela lui fit dans un fragment de lettre adressée par lui à M. Leynadier :

« J'étais sobre, je devins tempérant ; j'étais laborieux, je devins infatigable ; j'étais bienveillant, je devins juste ; j'étais tolérant, je devins patient ; j'étais intelligent, j'essayai de devenir savant. »

Voilà ce qui s'appelle *savoir lire* ; voilà l'impression qu'un bon livre doit laisser dans un esprit ouvert et tourné vers le bien.

De même il ouvre un journal — ils étaient plus rares alors qu'aujourd'hui — et y lit que l'Angleterre offre un prix pour l'exécution d'un métier à fabriquer les filets de pêche. Vite il se met à l'œuvre ; il arrive à la solution du problème, et, loin d'en tirer vanité, il se contente de parler de sa découverte à quelques intimes. Comment le bruit en parvint-il aux oreilles de l'autorité ? On l'ignore. Toujours est-il qu'un jour — jour de grande terreur pour la pauvre Claudine — des gendarmes viennent enlever le modeste inventeur, le conduisent à Paris en chaise de poste et le déposent, tout ahuri, au milieu d'un somptueux cabinet de travail.

Mais Jacquard avait la conscience trop pure pour se laisser intimider longtemps ; aussi, lorsqu'un homme correctement vêtu, à l'air doux et affable, mais de haute mine, lui demande brusquement « s'il n'a pas eu la prétention de tenter l'impossible en s'offrant à faire un nœud avec un fil tendu, » répond-il avec simplicité qu'il est prêt à faire la preuve de ce qu'il a avancé. Séance tenante, il se met à l'œuvre, et le ministre — il se trouvait en présence de Carnot — est convaincu, stupéfait. Il assemble aussitôt un comité de savants devant lequel Jacquard démontre son système sans le moindre embarras. Enfin des jours meilleurs vont luire pour le pauvre inventeur.

Carnot, qui s'est pris d'une sorte d'amitié pour ce travailleur si modeste, le fait attacher au Conservatoire des arts et métiers pour y réparer les machines concernant le tissage ; un traitement de 3,000 fr. est attaché à cette place. Désormais à l'abri du besoin, Jacquard ne sera plus obligé de consacrer à gagner misérablement le pain de chaque jour, le temps qu'il emploierait si utilement ailleurs. Aussi ne perd-il pas un instant. Ayant vu au Conservatoire une machine de Vaucanson qui contenait en germe le développement de la sienne, il lui fait subir un changement important au moyen duquel le fil de soie se présente de lui-même au tisseur à la place qu'il doit occuper dans le tissu. Il en imagine une autre au moyen de laquelle le tisseur est averti de la couleur de la navette qu'il faudrait lancer. En 1804, ses travaux sont récompensés par la grande médaille d'or décernée par la Société d'encouragement des sciences et des arts.

Peu de temps après, Jacquard retourna à Lyon, où il dirigea d'abord des ateliers installés dans le couvent de l'Antiquaille. Deux ans après il parvint enfin à monter un métier de sa façon. Un décret impérial lui assura alors une pension de 3,000 fr., sous la condition

expresse qu'il s'occuperait de perfectionner son métier et
de travailler à sa diffusion.

Il n'y oublia rien. Quelques manufacturiers l'aidèrent
dans ses efforts. Mais il était difficile de lutter avec la

Métier Jacquar l.

routine, si chère au cœur des ouvriers, et surtout des
ouvriers d'alors ! Ce métier, par un mécanisme aussi
simple qu'ingénieux, exécutait les étoffes aux dessins
les plus compliqués sous la direction d'un seul ouvrier.

C'étaient donc trois ouvriers et deux ouvrières qui se trouvaient supprimés d'un seul coup. Qu'on juge de ce que cela faisait de bras inoccupés dans une ville qui comptait alors vingt mille métiers ! C'étaient des milliers d'ouvriers sans ouvrage, partant sans pain, sans feu ni lieu !

Jacquard ne comprenait que trop bien ce que devaient éprouver ses pauvres compatriotes, menacés dans leur subsistance même ; cependant il se sentait poussé en avant par une force irrésistible ; il se sentait innocenté par la pureté de ses intentions et par la certitude que des milliers d'hommes, de femmes et d'enfants, cloués à l'antique métier, y subissaient des positions tellement contraintes, qu'ils contractaient des difformations physiques ou des maladies chroniques auxquelles il était temps d'apporter un remède. Combien y avait-il de ces pauvres suppliciés qui payaient de leur vie le mode barbare d'opérer dans leurs travaux !

A chaque nouvelle tentative d'introduction d'un métier dans une manufacture, l'opposition s'accentuait. Bientôt les sentiments d'animosité sourde qui agitaient la population ouvrière se firent jour par des actes de violence ; on brisa des métiers, pour prouver qu'ils ne valaient rien ; puis Jacquard fut traduit devant un conseil de prud'hommes par ceux-là mêmes qui n'avaient pas voulu ou n'avaient pas su mettre en œuvre sa machine, et accusé de n'avoir rien fait de bon. Il ne pouvait plus se montrer dans les rues sans s'exposer à un véritable danger ; on l'insultait, on le huait ; et après maintes scènes de violences, le jour vint où il fallut l'intervention de la force armée pour l'arracher aux mains de la populace qui n'avait rien imaginé de mieux que de le précipiter dans le Rhône.

Mais tel était le caractère égal et pacifique de cet homme de bien, que même ces injustes persécutions ne le décourageaient pas. On lui conseilla de quitter Lyon ; il voulut y rester pour surveiller la mise en activité des métiers que lui demandaient quelques manufacturiers plus avisés que les autres. Il ne songea même pas à porter dans une autre ville de France une industrie dont le monopole était le salut de sa ville natale. Rouen et Saint-Quentin l'implorèrent en vain. Ces deux cités industrielles ne lui demandaient pourtant que d'établir dans leur sein des fabriques de batiste.

Les offres brillantes de l'étranger ne le séduisirent pas davantage. Une députation de la ville manufacturière de Manchester vint lui offrir l'opulence et un traitement qui était à lui seul une fortune, pour le déterminer à aller produire dans son sein ce que ses concitoyens repoussaient avec tant d'aveuglement. Il refusa simplement et dignement. Un Français ne doit pas à la France sa vie seulement, mais le tribut de son intelligence et de ses facultés, trop heureux quand une étoile fortunée lui permet d'offrir à cette mère aimée des couronnes qui ajoutent à sa gloire.

Lorsqu'on lui demanda quelle récompense il désirait pour ses travaux, il ne sollicita qu'une prime de 50 fr. par métier qu'il établirait : avantage insignifiant, si on le compare au résultat immense de son invention. Aussi, lorsque le décret qui assurait ce droit au modeste inventeur fut présenté à Napoléon Ier pour le signer, celui-ci, le parcourant d'un regard rapide, ne put s'empêcher, en jetant la plume, de s'écrier : *En voilà un qui se contente de peu !*

La lutte fut longue et acharnée. En 1809, le métier Jacquard commençait à se répandre; en 1812, il était généralement adopté; et à l'exposition de 1819, Jacquard recevait la médaille d'or et la croix d'honneur. Déjà à ce moment ses pressentiments se trouvaient justifiés. Les prix de main-d'œuvre, considérablement abaissés, avaient amené un redoublement d'activité dans la consommation générale. Loin d'avoir mis des ouvriers sur le pavé, comme on lui en avait faussement attribué l'intention, il avait diminué leur somme de misère et élevé leurs gains.

Malgré l'isolement où le laissait la mort de son excellente femme, si bonne, si dévouée, si tendre, il se trouvait donc heureux avec sa modique pension, parce

qu'il était sans ambition, presque sans besoins. Il avait
acheté une petite propriété à Oullins, près de Lyon ;
c'était là qu'il attendait, dans une piété souriante et
recueillie, le terme de sa longue existence, en s'occupant
de fleurs et de jardinage. Ce fut là que, rassasié de
jours, il s'éteignit doucement dans sa quatre-vingt-
troisième année.

Une tombe modeste dans ce petit cimetière de campagne abrite sa dépouille mortelle. On y remarque un
mûrier qu'une main pieuse y a planté, comme l'emblème
de l'industrie de la soie dont il a été le régénérateur.
Un monument lui a également été consacré dans l'église
du village. On le reconnaît à une épitaphe aussi simple
que vraie, ce qui est rare : « A la mémoire de Joseph-
Marie Jacquard, mécanicien célèbre, homme de bien et
de génie. »

Plus d'honneurs lui ont été décernés après sa mort
que de son vivant. Sa statue en bronze, due au ciseau
de M. Foyatier, décore la place de Sathonay à Lyon. Elle
fut inaugurée le 16 août 1840, au milieu d'un concours
immense de manufacturiers et de gens compétents qui
tous rendaient honneur au service éminent que Jacquard
avait rendu à l'industrie des soies, non seulement en
France, mais partout ; car son invention s'est répandue
successivement en Suisse, en Allemagne, en Italie, en
Amérique. Il n'y a pas jusqu'aux Chinois eux-mêmes

qui, malgré leurs habitudes de routine invétérée, n'aient commencé à adopter un système aussi simple que pratique et ingénieux.

Aujourd'hui encore le métier Jacquard fonctionne tel qu'il est sorti des mains de son inventeur ; aucun perfectionnement n'a pu y être apporté, car celui dont nous venons d'écrire brièvement l'histoire l'avait créé parfait.

ROBERT FULTON,

NÉ A LITTLE-BRITAIN (PENSYLVANIE) EN 1765, MORT A NEW-YORK
(ÉTATS-UNIS D'AMÉRIQUE) EN 1815.

Robert Fulton, le mécanicien célèbre auquel on doit
la réalisation de la navigation à vapeur, naquit en 1765
à Little-Britain en Pensylvanie (Amérique). Ses parents
étaient de pauvres émigrés irlandais, chargés d'enfants
et par conséquent bien peu riches. Le père mourut
alors que le petit Robert avait trois ans à peine, et la
gêne de la famille devint de la misère. On ne
s'étonnera donc pas qu'à dix-huit ans, l'orphelin qui
nous occupe n'eût pu apprendre qu'à lire, à écrire, à
compter.... tant bien que mal encore. Vu le temps et
les circonstances, c'était déjà beaucoup.

Un noble sentiment d'amour-propre lui fit bientôt
quitter sa famille, à laquelle il aurait eu honte d'être à

charge. Il s'éloigna de son pays natal et gagna Philadelphie, où il prit un peu au hasard l'état de joaillier. Ce
premier métier exigeait des connaissances de dessin qui
obligèrent le jeune Fulton à l'étude de cet art, étude
pour laquelle il se passionna si bien, qu'il finit par lui
consacrer tous ses loisirs. Il y joignit bientôt la mécanique
et la peinture, grâce à laquelle il ne tarda pas à se faire
de petits suppléments de bénéfice.

Mais pour cela, que de peine, enfants ! quelle persévérance ! quel courage ! Il fallait aller de porte en porte
présenter ses petits tableaux, discuter les prix pour
arriver à les céder au plus offrant.

— Quelle idée ! vous écriez-vous. Et pourquoi donc
ce brave garçon se donnait-il les ennuis et les tracas de
ce colportage ?

Pourquoi ? C'est justement là que je vous attendais.
Il aimait sa mère, le digne jeune homme, il la chérissait,
et c'est son souvenir qui l'aidait à passer sur les rebuf-
fades et les insuccès quotidiens de son petit commerce.
Il voulait procurer à sa mère une petite ferme dont les
produits mettraient toute la famille à l'abri du besoin.
C'était une bonne et généreuse pensée ; et bien qu'il ne
fît que son devoir en travaillant pour sa mère, nous ne
pouvons que l'en féliciter.

Sa persévérance fut enfin récompensée par un succès
longuement attendu, chèrement payé, mais bien mérité.

ROBERT FULTON.

Sa mère devint propriétaire, et lui, ayant acquis par hasard la protection d'un certain Samuel Turbitt, se trouva tout à coup, grâce à la générosité de celui-ci, en mesure d'accomplir son rêve le plus cher, qui était d'aller étudier la peinture dans les ateliers d'un peintre américain d'une véritable notoriété, West, établi à Londres. Celui-ci accueillit le jeune homme avec une rare bonté, lui ouvrit sa maison et lui dévoila les secrets de son art. Malgré une application soutenue, Fulton ne réalisa pas son rêve ambitieux, et, après quelques années sacrifiées à la recherche d'un idéal irréalisable, il eut le courage de reconnaître qu'il s'était trompé et de rebrousser chemin vers la mécanique, cette autre passion de sa jeunesse. Il sentait peut-être déjà en lui l'étoffe de ce qu'il serait un jour et ne rêva plus que découvertes et inventions.

Sur ces entrefaites, il reçut de M. Joët Barlow, qui fut plus tard ambassadeur des Etats-Unis en France, l'invitation de se rendre à Paris pour y travailler à un panorama qu'il voulait y créer. Une véritable sympathie s'établit entre M. Barlow et notre Robert, encore assez embarrassé de sa personne, malgré les grands projets qu'il roulait dans sa tête et qui n'avaient point encore eu le temps d'éclore et de donner des résultats maté-riels. M. Barlow fêta la bienvenue de l'aide qu'il s'était assuré et l'admit d'emblée pour une part dans l'asso-

ciation qu'il avait formée pour l'exploitation du panorama. L'idée se trouva être heureuse. Des bénéfices
relativement considérables tirèrent Fulton de ses
embarras pécuniaires, d'autant plus que l'amitié de
M. Barlow le défrayait de tout. Dès lors il put se permettre de séjourner à Paris et d'y suivre l'étude de la
mécanique, des mathématiques, de la chimie et des
langues, auxquelles il se voua exclusivement.

M. Barlow le mit en relation avec des savants de
l'Institut, des ingénieurs civils et militaires, dont la
conversation et les écrits étendirent beaucoup le cercle
de ses idées. Dès 1793 il présenta au gouvernement
des projets d'amélioration *pour les canaux.* Se conformant
à une idée pratiquée en Chine depuis des siècles, il
proposa de remplacer les écluses par des plans inclinés
sur lesquels monteraient et descendraient des bateaux
munis de roulettes. Il fournit en conséquence les plans
d'une canalisation nouvelle. Il imagina en même temps
des charrues destinées à creuser des canaux.

Il perfectionna les moulins à scier le marbre. Il inventa
des machines pour tisser le chanvre, pour la fabrication
des cordes ; un bateau pour naviguer sous l'eau ; le
torpédo ou moyen de faire sauter les bateaux ennemis ;
le *steam boat* ou bateau à vapeur, et finalement la frégate
à vapeur, qui n'en est qu'un développement.

Au moment où le Directoire avait des guerres de tous

les côtés en perspective, Fulton lui proposa un nouveau système de guerre maritime, au moyen de son bateau sous-marin dans lequel il était arrivé à faire rester cinq hommes pendant six heures consécutives et à parcourir cinq lieues. Ce perfide engin était destiné à aller attacher aux flancs des vaisseaux de guerre des pétards de sa composition, nommés torpédos, dont nous avons fait des torpilles. Ce torpédo consistait en une boîte de cuivre assez grande pour contenir une centaine de livres de poudre et à laquelle était adaptée une sorte de chien de fusil, faisant feu à un moment donné. L'appareil, ainsi préparé, était attaché à une corde d'une vingtaine de mètres, fixée sous l'eau contre le flanc du navire à l'aide d'un harpon. Le mouvement du vaisseau entraînait la boîte, qui venait naturellement se ranger le long de ses parois, et le rouage d'horlogerie ayant achevé sa rotation, déterminait l'explosion, et l'effort se faisait tout entier contre le vaisseau en raison de la propriété qu'a l'eau d'être incompressible.

Mais le gouvernement ajournait la proposition sans la repousser ; il la renvoyait devant une commission qui n'était jamais nommée. L'arrivée de Bonaparte au pouvoir redonna espoir à l'inventeur. Il sollicita de lui les avances nécessaires pour mettre son projet à exécution. Le premier consul accéda à sa demande, nomma une commission de trois membres, Volney, Monge et Laplace, et, sur le rapport de cette commission, lui ouvrit un crédit. Hélas ! le succès ne répondit pas aux espérances de l'auteur. Il avait été convenu que le bateau ferait la traversée du Havre à Brest, et voilà qu'à mi-chemin il va s'échouer non loin de Cherbourg.

Mais ce qui immortalisa le nom de Fulton, comme cela eût immortalisé celui de Papin sans le vandalisme des mariniers du Weser, et celui du marquis de Jouffroy sans les difficultés insurmontables que lui suscita la Révolution (1), c'est assurément le bateau à vapeur *steam boat*, ou mieux, comme nous disons aujourd'hui, *steamer*. Ce fut sur la Seine, à Paris, que Fulton en fit la première expérience en août 1803. Empruntons au remarquable ouvrage de M. Figuier la curieuse relation de cette expérience faite par un témoin occulaire :

« A la première apparition du bateau, la malveillance, dont on ne se méfie jamais assez, et qui n'est qu'une des formes de l'ignorance et de la stupidité humaine, se fit jour et coula bas l'inoffensif appareil. Sans se laisser arrêter par cet échec, aussi inattendu qu'immérité, le courageux inventeur se mit à l'œuvre et répara le dommage. A six heures du soir, aidé seulement

---

(1) On sait, en effet, qu'en 1783 le marquis de Jouffroy avait fait sur la Saône, à Lyon, de nombreuses expériences avec un bateau de 150 tonneaux dont la pompe à feu était l'unique moteur. Pour s'en convaincre, voir le *Journal des Débats* du 3 janvier 1816.

de trois personnes, il mit en mouvement son bateau et deux autres attachés derrière ; et pendant une heure et demie il procura aux curieux le spectacle étrange d'un bateau mû par des roues comme un chariot. Ces roues, armées de volants ou rames plates, étaient mues elles-mêmes par une pompe à feu. En le suivant le long du quai, sa vitesse contre le courant de la Seine nous parut égale à celle d'un piéton pressé, c'est-à-dire de 2,400 toises par heure. En descendant, elle fut bien plus considérable. Il monta et descendit quatre fois depuis les Bonshommes jusque vers la pompe de Chaillot : il manœuvra à droite et à gauche avec facilité, s'établit à l'ancre, repartit et passa devant l'école de natation..... L'expérience eut lieu en présence des citoyens Bossut, Carnot, Prony. » (FIGUIER, *Histoire des découvertes*, p. 230.)

Le peu de profondeur de la Seine et les nombreux circuits qu'elle décrit empêchèrent qu'on n'attachât beaucoup d'importance à cette expérience, concluante pourtant.

Cependant l'Angleterre s'était émue au bruit de cette découverte. Les ministres invitèrent Fulton à venir à Londres. N'étant plus encouragé par la France, il la quitta en 1804. Il espérait trouver un accueil empressé en Angleterre, il n'en fut rien. Celle-ci arrêta par ses lenteurs et son indifférence l'élan de l'inventeur, qui, définitivement dégoûté de l'Europe, retourna à New-York en 1806.

Comme tout faisait présager une rupture prochaine entre l'Amérique et l'Angleterre, Fulton offrit à son pays natal ses torpédos, si longtemps dédaignés sur le vieux continent. Des expériences faites aux frais du gouvernement central dans le port de New-York réussirent parfaitement. L'inventeur y avait ajouté un appareil au moyen duquel il coupait les câbles d'un navire à l'ancre.

En 1807, il fit construire par la maison Brown, de New-York, un bateau de 150 pieds de long sur 16 de large; une machine à vapeur à double effet faisait tourner les aubes, qui, plongeant de chaque côté dans l'eau, imprimaient au bâtiment un mouvement dont la rapidité excédait celle d'un paquebot ordinaire ou d'une voiture de poste. Contre le vent et la marée, ce *steam boat* parcourait quatre milles à l'heure; et quand la brise lui était favorable, il quadruplait cette rapidité. Fulton fit lancer ce navire sur l'Hudson.

Ce jour-là fut le plus beau de son existence; ce fut un de ces jours qui vous payent de toute une vie de travail, de privations et de déboires. Les huées d'une foule compacte entassée sur les quais pour se railler de l'inventeur et de son invention, n'altéraient point la sérénité de son âme. Ne savait-il pas qu'il avait en

main le moyen de tirer une vengeance éclatante de ses
obscurs blasphémateurs? Qu'il réussît, et ce peuple
inconstant ne porterait-il pas aux nues ce nom presque
inconnu aujourd'hui, demain glorieux? Or, il réussira;
il l'espère, il le sent.

Vivement ému, quoique sans inquiétude, il monte sur
le pont; il donne un dernier coup d'œil à toutes choses,
et il lance l'ordre du départ. Aussitôt la machine
frémit, fonctionne, lentement d'abord, puis plus vite;
le bateau, docile à l'impulsion qu'il reçoit, s'ébranle
et quitte majestueusement le port, au milieu des applau-
dissements frénétiques et des acclamations enthousiastes
de cette même foule tout à l'heure si insolente.

Cependant, sur son trajet, le *steam boat* ne rencontra
pas partout ces démonstrations sympathiques; le
monstre bruyant qui se mouvait au milieu des flots,
dans les tourbillons d'une fumée âcre, excita des sentiments bien divers au sein de la population riveraine de
l'Hudson. D'abord, ce fut une curiosité défiante, puis
une terreur profonde, même chez les blancs; quant aux
nègres, leur effroi ne connut pas de bornes. On raconte
que l'on vit des hommes et des femmes accourir affolés
sur les bords du fleuve et se prosterner la tête contre
terre au milieu des joncs, en conjurant cette divinité
malfaisante d'avoir pitié d'eux et de les épargner.

Bien que certes il en eût le droit, l'inventeur ne

s'abandonna pas à l'enivrement joyeux d'un triomphe
dès longtemps préparé. Il redoubla de zèle, au contraire.
Le même procédé fut appliqué aux bacs sur lesquels,
à défaut de ponts, on traverse fréquemment les rivières
en Amérique. Le 11 février 1809, un brevet d'invention
lui fut décerné de ce chef. En 1810, le Congrès vota
une somme de 25,000 fr. pour qu'il pût continuer ses
recherches pour perfectionner ses torpédos. Il donna
suite à son projet de construire pour la défense des
ports, en temps de guerre, une espèce de frégate qu'on
pût manœuvrer de même par la vapeur ; mais ce ne
fut qu'en 1815 qu'elle reçut son application.

Pendant cet intervalle, consulté sur le projet de canal
entre le Mississipi et le lac Pontchartrain, il conseilla de
joindre les lacs de l'Ouest avec l'Hudson par un canal et
se vit désigné pour la direction de ce gigantesque travail,
qui a mis en communication les eaux des lacs Erié et
Ontario avec celles de l'Océan. Ce n'était que justice.
Ce n'est pas lui cependant qui exécuta cette entreprise
grandiose et tout américaine.

En 1813, Fulton acquit le privilège exclusif de sa
découverte des batteries sous-marines tirant le canon
sous l'eau. Enfin, en 1814, on lui vota un crédit de
1,600,000 fr. pour la construction d'une frégate à
vapeur destinée à la défense de la rade de New-York.
Le 20 juin, Fulton posait la première quille, et le

4 juillet 1815, le bâtiment manœuvrait sur l'Océan, mais sans que son inventeur eût pu mettre le pied à son bord. Cette frégate, qui reçut le nom de *Fulton*, avait 145 pieds de long sur 55 de large. Voici la description qui nous en a été laissée par des hommes compétents :

« Elle était formée de deux bateaux réunis, séparés par un espace de 66 pieds de long sur 15 de large. C'était dans cet espace que se trouvait la roue ; la machine était garantie par un bordage de six pieds d'épaisseur sur le pont ; un rempart mettait à couvert plusieurs centaines d'hommes, qui pouvaient sans nul danger manœuvrer librement. Le navire avait deux beauprés et quatre gouvernails, ce qui lui permettait d'avancer ou de reculer à volonté. Trente embrasures laissaient la facilité à autant de pièces de 32 de lancer des boulets rouges. L'avant et l'arrière étaient garnis de deux énormes pièces de cent livres, pour battre les flancs du navire ennemi à dix ou douze pieds au-dessous de la flottaison. Des faux, mises en mouvement par la machine, armaient les côtes de ce vaisseau et le rendaient inabordable, et de grosses colonnes d'eau bouillante et d'eau froide, vomies par une innombrable quantité de bouches de fer, inondaient et brûlaient tout ce qui se trouvait sur le pont, dans les hunes et dans les sabords du navire attaquant. »

Qui sait ce que ce génie fécond eût encore réservé de

surprises au monde savant, s'il n'eût été arrêté dans son essor par la main glacée de la mort, alors qu'il était dans toute la force de l'âge et dans toute la plénitude de ses conceptions? On croit généralement que les déboires auxquels les dernières années de cette illustre existence furent en proie hâtèrent sa fin.

Malgré le privilège exclusif qu'il avait acquis, il eut le chagrin cruel de voir s'établir des *steam boat* semblables aux siens sur les fleuves mêmes dont la navigation lui avait été le plus spécialement concédée. Cela l'entraîna dans beaucoup de procès et de dérangements inutiles, qui, en lui faisant perdre un temps précieux, lequel aurait été plus utilement employé ailleurs, réagissaient sur sa santé.

En revenant de Trenton, où il plaidait une de ces causes et où l'avocat de la partie adverse était allé jusqu'à contester les droits de Fulton à cette immortelle découverte, il était extrêmement agité. Il fut obligé de traverser l'Hudson, alors gelé; et, pendant ce trajet, il faillit perdre Emmet, son défenseur, qui était en même temps son ami. Celui-ci disparut tout à coup dans une crevasse que ni l'un ni l'autre n'avaient aperçue. Fulton fit des efforts inouïs pour arracher à la mort cet ami fidèle et dévoué. Quand enfin il l'eut ramené à la surface, il fallut le temps de faire revenir à lui le pauvre noyé; cela obligea Fulton à rester des heures entières exposé à une température rigoureuse, dans des vêtements empreints d'une malsaine humidité.

De retour chez lui, il fut saisi d'une fièvre inflammatoire très dangereuse, que les soins dévoués dont il fut entouré ne parvinrent que difficilement à dompter. En janvier 1815, à peine rétabli de cette grave attaque qui l'avait mis à deux doigts du tombeau, il voulut se rendre compte de ce qui avait été fait à sa frégate pendant sa maladie. Une rechute s'ensuivit, sa fièvre le reprit avec un redoublement de violence, et le mois suivant Fulton succomba.

Sa mort fut considérée comme une calamité publique par ce peuple qui se pique d'honorer ses grands hommes comme peu d'autres peuples et qui connaît bien la valeur du temps. L'Etat, les sociétés savantes et un grand nombre de citoyens illustres prirent le deuil pour un mois ; chacun se fit un devoir d'apporter son tribut de respectueux et sympathiques hommages aux funérailles de cet homme de génie.

Il laissait quatre enfants, un fils et trois filles, que lui, l'obscur descendant de pauvres émigrés irlandais, il avait eus de son union avec la nièce du chancelier Robert Livingstone, ambassadeur des Etats-Unis à Paris ; ce qui montre à quoi peut conduire l'intelligence jointe à un véritable désir de réussir.

Fulton était une nature entreprenante, tempérée par un

jugement sain et par un esprit de suite que rien ne pouvait lasser. C'est grâce à ces qualités qu'il put défier tous les obstacles et vaincre par sa persévérance tous les refus et les fins de non-recevoir qu'il eut à essuyer. Nous l'avons vu, le succès et la richesse, en lui souriant, ne l'avaient point enivré. Sans autre ambition que celle de se rendre utile, il déclinait toutes les situations honorifiques qui lui étaient offertes.

On a fait à Fulton le reproche d'avoir adressé les premières ouvertures de ses inventions à la France d'abord, à l'Angleterre ensuite, et finalement à son pays. Le fait est incontestable; mais Fulton a observé pour sa défense que l'usage qu'on pouvait en faire était toujours contraire à l'attaque et favorable à la défense.

Quant à ceux qui ont cherché à lui contester sa gloire d'inventeur, parce que des projets analogues aux siens avaient été antérieurement imaginés par d'autres, nous répondrons que c'est un tort. C'est lui qui le premier a su tourner les difficultés qui jusqu'alors s'étaient opposées à l'exécution de ces projets grandioses et qui a réalisé un progrès que la génération actuelle peut chaque jour apprécier à sa juste valeur.

PHILIPPE LEBON,

NÉ A BRUCHAY (HAUTE-MARNE) EN 1769, MORT ASSASSINÉ
A PARIS EN 1804.

Vous figurez-vous, enfants, qu'il fut un temps où l'on ne connaissait que

Les fumeuses lueurs d'une chandelle sombre (E. LEGOUVÉ)

et la clarté douteuse de méchantes petites lampes dont nos ménagères ne voudraient plus aujourd'hui pour s'éclairer dans leur cuisine ? Vous figurez-vous que les rues de nos villes, si gaies, si brillantes le soir, n'étaient jadis, à la nuit tombante, que des coupe-gorge où l'on ne se hasardait pas sans une certaine terreur ?

C'était bon pour les jeunes cadets, amateurs d'aventures et qui ne détestaient point les coups d'estoc et de taille, de s'en aller gaiement par les rues, décrochant les lourdes enseignes de nos pères et prenant plaisir à esbrouffer la garde de nuit. C'était bon pour les damoiseaux et gros seigneurs qui ne sortaient que sous bonne escorte, en litière fermée, précédés et suivis de valets armés jusqu'aux dents et porteurs de torches qui dissipaient à peine l'obscurité profonde de la nuit. Mais quand sonnait le couvre-feu, l'honnête bourgeois se coiffait d'un vénérable bonnet de coton, et, s'estimant heureux de n'avoir rien qui l'attirât au dehors, il s'endormait sans avoir la moindre velléité d'aller, comme nous, rêver au clair de lune ou critiquer l'arrangement de la vitrine de son voisin.

C'était, me direz-vous, pour la bonne raison qu'il n'y avait point de ces magasins ruisselants de lumières que reflètent de toutes parts des glaces et des dorures étincelantes et qui éclairent les somptuosités du luxe le plus raffiné. Tout ce luxe de clartés si flatteur à l'œil est un produit du XIXe siècle, dont on a pu dire en vérité et sans jeu de mots que c'est un siècle de lumières.

Mais ce luxe, à qui le devons-nous ? A un modeste travailleur, bien peu connu de la génération même qui profite le plus de ses travaux : Philippe Lebon. C'est sur lui, c'est sur son œuvre étincelante que nous voulons attirer votre attention.

Philippe Lebon naquit à Bruchay, près Joinville, dans le département de la Haute-Marne, le 29 mai 1769. A cette époque, l'instruction était peu répandue, et le

nombre des instituteurs fort restreint. Bruchay avait le
bonheur de posséder un de ces rares magisters, et ce fut
lui qui apprit au jeune Philippe à lire, à écrire, et lui
donna les premiers éléments de la grammaire, de l'histoire, de la géographie et des quatre règles. C'était à
peu près tout ce que savait le bonhomme ; aussi notre
héros, dont l'imagination ardente et le vif désir d'apprendre ne pouvaient se contenter d'une instruction
aussi sommaire, dut-il prendre de bonne heure le chemin
de Paris, afin d'y compléter son éducation. Travailleur
infatigable, doué d'une intelligence remarquable et
admirablement développée pour son âge, Lebon obtint
bientôt de brillants succès.

Sans nous arrêter ici sur ces premières années d'un
labeur incessant, passées sur les bancs des écoles, nous
dirons seulement qu'après des examens qui le firent
distinguer entre tous ses condisciples, il fut nommé
ingénieur des ponts et chaussées avant d'avoir atteint
sa vingt-cinquième année. Il fut envoyé d'abord à Angou-
lême ; mais bientôt des travaux remarquables le firent
appeler à Paris, où il professa la mécanique à l'Ecole
des ponts et chaussées.

Ce fut là que, vers 1797, il commença ses premiers
essais sur le gaz provenant de la combustion du bois.
Peut-être avait-il connaissance des expériences et des
observations faites longtemps avant lui, par Dalcénius

en 1686, par le docteur Clayton en 1739, et par Driller en 1787. Ce dernier, dans un mémoire lu à l'Académie des sciences de Paris, indiquait les moyens d'employer à l'éclairage le gaz extrait de la combustion du bois. Quoi qu'il en soit, rien de décisif à ce sujet n'avait encore été tenté par nos savants, et Lebon, mettant à profit les courtes vacances que lui accordaient ses travaux à l'Ecole des ponts et chaussées, fit ses premières expériences dans sa modeste demeure de Bruchay.

Il ne se borna point à préparer un gaz inflammable, il chercha à le purifier, à le débarrasser des matières étrangères et surtout de l'odeur insupportable due à la présence de l'acide pyroligneux. Mais ce résultat était difficile à obtenir et donna lieu à bien des tâtonnements. Enfin, il imagina de faire passer le tuyau de dégagement dans un vase rempli d'eau froide ; l'eau condensait la vapeur acide et les matières bitumineuses, tandis que l'hydrogène carboné se dégageait pur.

Dès ces premières tentatives, Lebon s'aperçut que dans une même opération tous les corps combustibles pouvaient être complètement carbonisés, et laissaient après eux comme résultat définitif : 1° une quantité très appréciable d'acide pyroligneux, 2° de goudron, 3° une flamme assez vive qui pourrait être utilisée pour les usages domestiques en procurant la lumière et le chauffage.

Certain dès lors de la possibilité de réussir, il redoubla d'efforts, et, bien qu'il ne fût pas riche, il ne recula devant aucune dépense. Il fit faire un appareil en briques qu'il emplit de bois, puis qu'il ferma hermétiquement, non sans y avoir au préalable ajusté un tuyau pour donner issue à la fumée ; mais cette fumée ne devait point se perdre improductive dans les airs comme celle de nos cheminées ; il la dirigeait dans une cuve qui lui servait de récipient condensateur. Une fois tout préparé et tout prévu, il alluma le feu sous l'appareil. Le bois se carbonisa parfaitement ; la fumée, parvenue dans la cuve, se purifia en abandonnant le goudron et l'acide pyroligneux, et le gaz dégagé à la sortie du condensateur produisit une lumière assez vive et assez pure pour lui donner la certitude d'un succès complet après de nouveaux lavages.

Heureux et fier à bon droit d'avoir prévu si juste, Lebon revint à Paris ; il fit faire à la maison qu'il habitait, rue Saint-Louis-en-l'Ile, les aménagements nécessaires, et là, en présence de Prony et de quelques autres savants, il recommença ses expériences. Ce fut un triomphe ; il fut amplement payé de ses peines par les félicitations empressées qu'il reçut.

Mais notre inventeur ne se tenait point encore pour satisfait : il y avait loin de cet essai à la perfection qu'il sentait possible et à laquelle il voulait arriver. Dès lors, pour y parvenir, rien ne lui coûta ; il entama son modeste capital et y fit une brèche énorme.

En l'an VII, il lut à l'Institut un mémoire sur ses travaux et sur les résultats qu'il avait obtenus, et le 6 vendémiaire de l'an VIII, il prit un brevet d'invention « pour de nouveaux moyens d'employer les combustibles, soit pour le chauffage, soit pour la lumière, et d'en recueillir de nouveaux produits. »

Quelques mois après, Lebon proposait au gouvernement des appareils de chauffage et d'éclairage beaucoup plus économiques que ceux qui avaient été employés jusqu'alors. Il transporta ses appareils à l'hôtel de Seignelay, rue Saint-Dominique-Saint-Germain, et leur donna le nom de *thermolampes*. Il établit dans ce local des ateliers pour leur confection, et distribua la lumière et la chaleur dans de grands appartements, dans des cours et dans de vastes jardins, qu'il illuminait de milliers de jets de lumière, sous la forme de gerbes, de rosaces, de fleurs, etc.

Dans un mémoire qu'il publia sur ses thermolampes, il invita tout Paris à en venir voir les brillants effets. La *Gazette de France* du 15 vendémiaire au X contient l'annonce des expériences de Lebon. Elles excitèrent une vive curiosité. Un rapport officiel adressé au ministère de la marine constate « que les résultats avantageux qu'ont donnés les expériences du thermolampe du citoyen Lebon, ont comblé et même surpassé les espérances des amis des sciences et des arts. »

Cependant, pour être en tout point véridique, nous devons ajouter que l'invention de notre héros était loin d'avoir obtenu la perfection à laquelle on est arrivé depuis lors. Lebon n'avait pas encore pu parvenir à dégager la flamme d'une certaine odeur empyreumatique, et la lumière, quoique splendide par rapport au mode d'éclairage d'alors, n'avait pas acquis la pureté, le brillant qu'on obtient aujourd'hui, et dont on ne se contente plus, puisque l'on soupire après la lumière si resplendissante et si vive des appareils électriques. Néanmoins, le progrès était immense ; d'autant plus que tout était avantage dans cette opération ; il n'y avait pas jusqu'au dernier produit de la carbonisation dont on ne pût tirer un parti aussi pratique que profitable.

Afin d'utiliser ces derniers, Lebon sollicita et obtint l'adjudication d'une portion des pins de la forêt du Rouvray, près du Havre. La concession lui en fut faite le 9 fructidor de l'an XI (27 août 1803), à la condition de fabriquer *cinq* quintaux par jour.

Associé à un Anglais qui lui apporta les fonds nécessaires pour cette exploitation, Lebon se mit à l'œuvre et obtint un succès tel, que les princes Galitzin et Dolgorouki lui proposèrent, au nom de leur gouvernement, de transporter en Russie ses procédés, en le laissant libre de fixer ses conditions. C'était une fortune assurée ; mais Lebon était Français avant tout, et il répondit « que son invention appartenait à son pays, qui devait en profiter, sinon seul, du moins le premier. » Cette noble réponse suffirait à elle seule pour immortaliser notre héros ; et la génération actuelle, dévorée de la soif de l'or, ne saurait assez la méditer.

Oh ! jeunes lecteurs, vous en qui la France espère, car c'est de vous que la nobie mutilée attend son relèvement, méditez les patriotiques paroles de celui dont nous esquissons brièvement la vie. Puissent-elles ne jamais s'effacer de votre mémoire, afin que le jour où notre France bien-aimée fera appel à votre bras, à votre dévouement, ou à votre énergie, vous puissiez, vous aussi, répondre sans efforts : « Me voilà ; avant tout je me dois à mon pays, que ce soit pour courir sus à l'ennemi ou pour marcher pacifiquement dans les voies du progrès. »

Mais revenons à notre héros.

Il ne fut pas donné à cet homme intelligent, à ce travailleur infatigable, de jouir du fruit de ses travaux. Il s'était installé au Havre avec sa famille, afin de pouvoir surveiller de plus près sa vaste exploitation. C'est là qu'un ordre ministériel vint le chercher. On l'appelait à Paris pour y organiser les illuminations qui devaient avoir lieu en l'honneur du sacre de l'empereur.

Il s'y rendit tout joyeux : c'était un succès ; c'était la
sanction du gouvernement accordée à la réussite de ses
travaux ; c'était le commencement de cette fortune qu'il
refusait, si l'étranger la lui tendait, et qu'il accueillerait
avec reconnaissance, si c'était la patrie qui l'en recon-

Lebon répondit que son invention appartenait à son pays, qui devait
en profiter, sinon seul, du moins le premier.

naissait digne. C'était peut-être un peu de cette gloire
à laquelle on n'est point indifférent à trente ans, surtout
quand on a une jeune compagne qui vous chérit et qui
triomphe de votre triomphe....

Hélas ! ce rêve de bonheur eut un triste réveil. Le

jour même de la cérémonie, on le rapporta chez lui mourant et tout ensanglanté. Le bruit courut qu'il avait été assassiné par lâche jalousie ; mais la lumière ne s'est jamais faite sur ce fatal événement.

Philippe Lebon avait trente-six ans à peine lorsqu'il fut frappé. Cette mort prématurée a sans doute privé notre pays de nombreuses inventions dont ce pionnier infatigable eût certainement travaillé à le doter. Elle a, en tout cas, ouvert la voie à des contestations fort injustes : c'est à tort qu'on voudrait priver Lebon du mérite d'être l'auteur du *fiat lux* qui, dans les nuits sombres, a fait ruisseler la clarté dans nos rues, dans nos magasins et jusque dans nos maisons. Terrassé trop tôt pour son bonheur et pour sa gloire, il laissa, il est vrai, son invention imparfaite. Les Anglais, gens pratiques, s'en emparèrent, la perfectionnèrent, l'appliquèrent. La France ne la reprit que lorsque des centaines de villes étrangères s'illuminaient déjà de ces lueurs étincelantes ennemies des ténèbres et des coups de main.

La perte d'un époux tendrement aimé ne fut pas la seule calamité qui atteignit la jeune veuve de Lebon. Un associé infidèle profita de cette douloureuse circonstance, où il eût dû redoubler d'ardeur et de bons procédés, pour faire disparaître les bénéfices faits sur l'exploitation de la forêt du Rouvray, et s'éloigna en emportant toutes les valeurs réalisables. En vain

Mme Lebon protesta, tenta l'impossible pour continuer l'œuvre de son mari ; restée seule, elle dut abandonner une entreprise au-dessus de ses forces. Désormais sans ressources, elle se voyait de plus exposée à être poursuivie par le domaine pour une somme de 8,000 fr., que Philippe Lebon redevait sur la concession qui lui avait été consentie.

Quelques années bien pénibles pour la pauvre femme se passèrent ; elle lutta avec d'autant plus d'énergie, qu'elle avait un fils unique et bien-aimé qu'il s'agissait d'élever et de préparer à marcher sur les traces glorieuses de son père. La force physique de la pauvre mère n'égalait point son courage moral ; elle s'usa dans cette lutte inégale. En 1812, elle obtint, comme tardif dédommagement à tout ce qu'elle avait souffert, une pension viagère de 1,200 fr. Le secours arrivait lorsqu'il n'était plus temps ; elle languit encore un an à peine, puis elle s'éteignit, laissant le jeune Lebon orphelin.

Le malheur était entré dans cette famille ; le fils devait en être la victime comme ses parents. Arrivé à la suite de brillants examens au grade de lieutenant d'artillerie, il succomba, lui aussi, à une mort prématurée.

ALOŸS SENEFELDER,

NÉ A PRAGUE (ALLEMAGNE) EN 1771, MORT A MUNICH (BAVIÈRE)
EN 1834.

Nous avons déjà eu maintes fois l'occasion de le constater, le hasard joue un rôle immense dans les inventions humaines. A l'exception de tel ou tel inventeur qui, de propos délibéré, cherche, comme Jacquard, à perfectionner un système défectueux, à faciliter quelque travail pénible, la masse est amenée à réaliser ses découvertes presque sans s'en douter.

Il n'y a guère de mérite à cela, dira aussitôt quelqu'un de nos petits lecteurs, en hochant gravement sa jeune tête irréfléchie.

Le croyez-vous, mon enfant?.. Ah! quelle erreur! Le hasard ne devient un maître intelligent que pour l'esprit observateur. Essayez de passer dans la vie sans rien voir, sans rien regarder ; le hasard ne se chargera certes pas de vous ouvrir les yeux, de vous instruire. Mais qu'un Gutenberg voie le bloc de saule sculpté de son ami Laurent Coster, il en résultera l'imprimerie. Qu'un Watt se prenne à contempler avec attention l'eau dont une vieille tante revêche ne saura que lui confectionner une bonne tasse de thé — ce qui est dejà quelque chose — et un jour l'application de la vapeur d'eau bouillante sera découverte.

De même dans le cas qui va nous occuper. La misère oblige un jour Senefelder à chercher à économiser le prix d'une malheureuse plaque de cuivre, et quelque temps après la lithographie prend naissance.

Ceci dit, racontons l'histoire de l'homme et de la découverte.

Aloys Senefelder naquit à Prague en 1771. Il ne fut pas de ceux qu'une étoile fortunée fait naître au sein d'une famille opulente et prospère Son père, modeste acteur au théâtre de Munich, appartenait à cette époque où des préjugés injustes autant que cruels, sans tenir compte de la conduite de l'individu, le condamnaient systématiquement parce qu'il était comédien. Pour lui, ni considération en ce monde, ni espoir de salut dans l'autre ; pas même une motte de terre sainte à effriter sur son tombeau ! On ne s'étonnera donc pas que le pauvre homme, par cette loi naturelle qui fait que nous

cherchons toujours à améliorer le sort de nos enfants,
rêvât pour ce premier-né un brillant avenir. Quelle
carrière lui choisir ? Connaissait-il ces vers célèbres ?
Nous l'ignorons.

> Et les garçons, lorsqu'on ne sait qu'en faire,
> On les fait avocats, et vogue la galère !

Toujours est-il que ce fut au barreau qu'il le destina.
Pour ce faire, il s'imposa bien des sacrifices. Le jeune
Aloys prit place sur les bancs du collège de Munich, et
ne tarda pas à combler les vœux de ses parents en y
remportant de nombreux succès. Pouvait-on refuser de
donner à l'enfant qui promettait si bien tous les moyens
de parvenir ?

On eut recours à de nouveaux sacrifices, et l'adoles-
cent partit pour Ingolstadt. Hélas ! c'était là le grand
écueil. Le père avait mal fait son compte. Il avait choisi
la carrière de son enfant sans calculer si celui-ci aurait
une volonté assez forte pour *vouloir* profiter quand même
des avantages que l'on mettait à sa portée. Comme
bien d'autres, Aloys se laissa vite rebuter par l'aridité
des études qui lui restaient à faire. Notre jeune homme
fit son droit tout de travers, et, au lieu de se préparer
à aller jouer son rôle au palais comme avocat d'abord,
comme magistrat ensuite, il déchira le cœur de ses
parents en faisant tout juste ce qu'ils avaient tant cherché

à éviter, en entrant au théâtre.... et dans un emploi infime !

Doué d'une ardente imagination, le prestige de la scène exerçait, paraît-il, sur lui un attrait irrésistible, et, non content de contribuer à la reproduction des œuvres d'autrui, il voulut voir jouer les siennes et se livra avec passion à l'art dramatique. Sa première pièce obtint au théâtre de Munich un succès relatif, qui acheva de lui tourner la tête. Il se crut appelé aux plus brillantes destinées.... Le malheur, qui est un maître inflexible, devait se charger de le ramener à la raison.

Trois autres pièces furent accueillies avec une défaveur sans cesse plus accentuée, et à vingt ans Aloys voyait son père mourir, encore à la fleur de son âge, lui laissant, à lui, déjà sans avenir assuré, le soin de pourvoir non seulement aux besoins de sa mère, mais à ceux de neuf enfants dont il était l'aîné. C'était dur. Aloys avait du cœur, et il le montra en cette occasion. Il accepta courageusement cette responsabilité de chef de famille si lourde pour ses jeunes épaules ; loin de se laisser abattre par la misère et ses sombres perspectives, il lutta contre elle avec énergie.

Le pauvre choriste — car, malgré son amour pour le théâtre, il n'était guère que cela — cherchait tous les moyens d'ajouter à ses gains, trop modiques pour le nombre des bouches à nourrir ; mais il ne pouvait renoncer tout à fait à ce rêve de gloire qu'il avait un instant caressé! On l'avait sifflé, il résolut d'en appeler au jugement de la postérité.

Trop pauvre pour se faire éditer, il parvint néanmoins à faire imprimer un de ses ouvrages, ce qui lui ouvrit l'accès d'un atelier de typographie. Il sut mettre à profit cette occasion pour étudier à fond tous les détails de l'art typographique. Une fois arrivé à ce premier résultat, il n'entreprit rien moins que d'éditer lui-même ses œuvres dramatiques, quoique pour cela il eût à employer des moyens de son invention, puisque les moyens connus lui étaient interdits.

Sa première idée fut de graver les lettres en creux sur un poinçon d'acier et de s'en servir ensuite pour graver les mots en relief sur le côté d'une lame de bois. Cela n'était pas expéditif. Il imagina alors de substituer à cette lame de bois une pâte molle, et, une fois les carac_tères imprimés, d'y couler de la cire à cacheter pour en avoir l'empreinte. Cela ne valait guère mieux.... C'était toujours beaucoup de peine pour peu de profit.

Senefelder avait une vertu : c'était la persévérance. Il résolut alors d'imiter les graveurs à l'eau-forte. Il se procura donc une plaque de cuivre, et, avec du vernis, il s'essaya à donner du relief à l'écriture en abaissant le niveau du reste de la planche avec de l'acide nitrique.

Mais, direz-vous, pour faire comme les graveurs, il faut savoir écrire à rebours ?

Parfaitement. Et que fait-on quand on ne sait pas ? L'exemple de Senefelder nous l'apprend : il se mit à l'œuvre avec une ardeur opiniâtre, s'essayant dans tous ses moments de loisir à ce travail fastidieux et délicat. Aussi devint-il en peu de temps assez habile à copier à la main la forme approchée des caractères d'imprimerie.

Pour pouvoir corriger les fautes qu'il faisait, les lettres oubliées ou mal réussies, il se composa avec de la cire, du savon et du noir de fumée délayé dans de l'eau, un vernis soluble dont il recouvrait les passages qu'il voulait retoucher en récrivant dessus.

Mais il ne pouvait renouveler souvent une dépense aussi improductive que celle de sa plaque de cuivre, car enfin ce n'était que pour lui qu'il travaillait là ! Chaque fois qu'il la passait à la pierre, il la voyait à regret diminuer ; de plus, il ne pouvait la polir qu'imparfaitement, de sorte que sa surface restait rugueuse et impropre au service qu'il en attendait.

Il chercha. Par quoi pourrait-il donc remplacer cette plaque coûteuse ? Il ne lui faudrait après tout qu'une surface lisse et bien polie. Soudain il se rappela ces beaux galets unis que, dans son enfance, il allait chercher sur les bords de l'Isar. Oui ; mais, malheureusement, ils seraient trop petits. Et la carrière voisine ?.. Celle dont on extrait des dalles ne pourrait-elle lui fournir ce qu'il lui faut ? Si fait ; ces pierres sont d'un grain serré, faciles à polir ; et sur leur surface unie, plume ou crayon courront rapidement ; de plus, elles constituent une dépense insignifiante.

Essayons !

Et bientôt l'on voit Senefelder rapporter précieusement au logis un certain nombre de ces pierres grises à la teinte uniforme que l'on trouve par couches d'*égale* épaisseur et qui ont acquis une véritable notoriété dans le monde des arts sous le nom de pierres de Munich.

Ici nouvelle difficulté. Il fallait une encre particulière. Le jeune homme n'eut point de cesse qu'il n'en eût trouvé le secret, et il en fabriqua une de même composition que son vernis, grasse et suffisamment consistante. Il agissait poussé par une intuition, une quasi-certitude que ce qu'il cherchait était possible, et en pareil cas les efforts ne coûtent guère. Il essaya dix fois, vingt fois, trente fois, tantôt d'une manière, tantôt de l'autre ; à l'insuccès du jour il opposait courageusement la tentative du lendemain.

Laissons-lui la parole à ce moment critique, nul ne saura mieux nous intéresser au résultat final que le persévérant chercheur.

« Je venais, dit-il, de dégrossir une planche de pierre pour y passer ensuite du mastic et continuer mon essai d'écriture à rebours, lorsque ma mère vint me prier de lui écrire le mémoire du linge qu'elle avait fait laver. La blanchisseuse attendait impatiemment, tandis que nous cherchions en vain un morceau de papier blanc. Le hasard voulut que ma provision fût épuisée par mes épreuves et que mon encre ordinaire fût desséchée. Comme il n'y avait en ce moment à la maison personne pour aller chercher ce qui nous était nécessaire, je pris mon parti et j'écrivis le mémoire sur la pierre que je venais de débrutir, en me servant à cet effet de mon encre composée de cire, de savon et de noir de fumée, dans l'intention de le recopier dès qu'on m'aurait apporté du papier. Quand je voulus essuyer ce que je venais d'écrire, il me vint tout à coup à l'idée de voir ce que deviendraient ces lettres que j'avais tracées avec mon encre de cire en enduisant la planche d'eau-forte, comme aussi d'essayer si je ne pourrais pas la noircir comme on noircit les caractères de l'impri-merie et de la taille-douce de bois pour ensuite les imprimer. »

Comme ce récit est simple ! Comme il peint bien l'homme et le milieu dans lequel il vivait ! Une idée qui lui traverse le cerveau, une tentative à faire qu'il n'a pas encore faite, et la lithographie est trouvée ! Et les splendides chefs-d'œuvre des Charlet, des Gavarni, des Doré et de tant d'autres, arriveront à la portée de toutes

les bourses, communiquant de proche en proche le goût
de l'art et des trésors de nos musées jusque dans les
demeures les plus modestes.

Un succès entier, complet, plus complet même que,
dans ses rêves d'ambition, notre artiste n'avait osé le
concevoir, était le couronnement de ses efforts. Cela
fit du bruit. Senefelder lui-même, jeune, ardent, enthousiaste, prônait sa découverte. Il en parla à M. Gleisner,
musicien de la cour du roi de Bavière, qui mit géné-
reusement à la disposition de l'inventeur les moyens de
créer dans sa ville natale une imprimerie lithographique.

Une pensée de reconnaissance qui l'honore germa
aussitôt dans son esprit, et le premier ouvrage qui
sortit de ses presses fut l'œuvre musicale complète de
celui qu'il estimait à l'égal d'un bienfaiteur.

Peu après, le directeur de l'instruction publique de
Bavière confia au nouvel imprimeur un travail qui
acheva sa réputation : c'était un recueil de chants en
musique destiné aux élèves des écoles. Le directeur
resta dans l'admiration des épreuves qui lui furent sou-
mises.

Ce n'était pourtant encore que la reproduction de
l'écriture et de la musique ; de là à celle du dessin il n'y
avait qu'un pas. Senefelder n'attendit pas qu'on le lui
fît remarquer et montra bientôt à ses protecteurs des

dessins à la plume ou au crayon très finement et très nettement reproduits. Ce n'était pas là assurément le genre de gloire après lequel le jeune homme avait soupiré ; néanmoins il y avait de quoi être fier et satisfait d'être parvenu là.

Cependant Senefelder ne se tenait pas pour arrivé. Il était difficile de ne pas empâter cette surface presque plane. Il substitua un tampon plat au rouleau des typographes. La presse ordinaire ne convenait pas à ce genre de tirage ; il inventa celle dont on se sert encore aujourd'hui. Les pierres, de leur côté, ne convenaient pas toutes au but proposé ; elles nécessitaient une étude. S'il en mettait une blanche sous la presse, l'encre d'impression s'étendait également sur toute sa surface, spécialement lorsque cette dernière avait au préalable été enduite d'un corps gras. S'il en mettait une humide, l'encre ne prenait pas. Enfin, si certaines parties de la pierre étaient enduites d'un corps gras et les autres mouillées, l'encre s'attachait aux traces du corps gras et laissait blanches les parties humides.

Senefelder en conclut que le relief était inutile ; il suffisait de tracer les caractères sur la pierre avec un corps gras, de décomposer celui-ci au moyen d'un acide, d'humecter la pierre, afin que l'encre d'impression n'adhérât pas là où il n'y avait pas eu de caractères tracés, et enfin de placer sur la pierre un papier qui, au moyen de la pression, enlevât l'encre d'imprimerie et par conséquent les caractères à reproduire. Alors il sentit que son œuvre était complète et sollicita auprès du roi de Bavière un privilège exclusif, qui lui fut concédé pour quinze ans. C'était en 1799.

Restait à savoir le bénéfice que l'inventeur en retirerait ; car souvent, avec une bagatelle amusante offerte à la frivolité publique, on gagne de l'or, tandis qu'un travail utile, consciencieux, destiné à servir les intérêts de tous, rencontre peu d'encouragement et n'excite aucun enthousiasme.

Déjà il avait connu le bon et le mauvais côté de sa situation d'inventeur. Si, d'une part, on lui disputait l'honneur de sa découverte, et cela ne tarda pas, de l'autre, au contraire, on lui faisait des propositions avantageuses. Les MM. André d'Offenbach lui offrirent près de 5,000 fr. pour venir fonder à Offenbach même un établissement qui ne tarda pas à devenir prospère. C'était un commencement de fortune, et l'artiste put croire que la malechance qui l'avait jusqu'alors si durement traité s'était lassée. Il prit des brevets à Londres en 1800, à Paris en 1802, à Vienne en 1806.

Toutefois, par un de ces calculs malheureux qui nous entraînent souvent à notre perte, il voulut faire tourner son invention au profit du commerce des toiles. Il s'entendit pour cela avec un fabricant de Vienne, qui lui promit une foule d'avantages. Au début, tout alla pour le mieux. La fabrique avait doublé le chiffre de ses affaires et partant de ses bénéfices. De ce chef seul, Senefelder marchait à une fortune rapide, quand tout à coup le système continental établi par Napoléon Ier vint ruiner les plus légitimes espérances des deux associés.

Senefelder ne se découragea pas. Il contracta une nouvelle association avec le baron d'Aretin. Mais les associations ne lui réussissaient pas. Celle-ci ne fut pas plus heureuse que la précédente. Il y avait de quoi se plaindre du sort !

Le malheureux inventeur commençait à désespérer, quand enfin le gouvernement bavarois se décida à faire quelque chose pour lui : Senefelder reçut une pension viagère de 1,500 florins.

Ce n'étaient guère que 3,000 fr. d'assurés ; mais, outre que 3,000 fr. avaient en ce temps-là une valeur presque triple de celle qu'ils ont actuellement, c'était beaucoup pour le pauvre artiste qui avait jusqu'alors végété sur l'extrême limite de la gêne. Désormais à l'abri du besoin, il associa à sa destinée une aimable enfant de seize ans. Elle mourut en lui laissant un doux et frêle nouveau-né, qui reçut au baptême le nom de Henri.

Si grande qu'eût été la douleur du mari désolé, le

moment vint où il lui prit fantaisie de se reconstituer
un foyer. Malheureusement ce n'était qu'une fantaisie,
comme l'événement le démontra. Il épousa en secondes
noces une femme plus charmante peut-être que la mère
du petit Henri, car à toutes les qualités qui font la bonne
ménagère elle joignait un esprit distingué et un caractère angélique qui en faisaient une compagne d'élite.
Cette jeune femme, si bien faite pour fixer auprès d'elle
un homme capable de l'apprécier, se vit bientôt gar-
dienne solitaire du foyer rêvé. L'ardeur d'imagination
qui avait fait du futur avocat un obscur choriste n'était
point calmée.

Sous le fallacieux prétexte d'embellir le sort de sa
famille en faisant une fortune rapide, il se reprit à courir
les aventures, à se lancer dans de chimériques entre-
prises. Il avait une heureuse médiocrité et les joies
domestiques, et il demandait davantage ! Étrange aber-
ration de la faiblesse humaine ! Qui n'a souvent comme
lui passé auprès de son bonheur sans le reconnaître et
ne s'en aperçoit que trop tard ?

Notre inventeur, toujours occupé à perfectionner son
invention, avait imaginé une sorte de carton pour remplacer la lourde pierre lithographique. Il pensait en tirer
un très brillant parti à Paris.

Contre ses prévisions, son carton échoua et fut suivi
de maintes autres tentatives aussi peu fructueuses. Ce ne

fut qu'après des échecs successifs que Senefelder s'avisa enfin qu'il avait assez couru le monde et s'en revint au logis. Il fut accueilli de telle sorte, qu'il oublia bien vite ses nombreuses déconvenues. Comme il fallait sans cesse un nouvel aliment à son ardente imagination, à son activité dévorante, il se consacra tout entier à la peinture, et, bien qu'il eût passé l'âge d'apprendre, puisqu'il était déjà quinquagénaire, il arriva, dit-on, à des résultats surprenants.

Hélas! la maladie — cette sœur de la faucheuse sombre, moins inflexible peut-être, mais tout aussi redoutable qu'elle — la maladie guettait déjà sa proie. A la maladie se joignit la cécité, et le 26 février 1834, Senefelder s'éteignait, emportant naturellement sa pension viagère et ne laissant à sa veuve et à son fils unique que la consolation de porter un nom honorable entre tous et qui venait d'entrer dans l'immortalité.

Bien qu'ayant ses avantages, l'immortalité, au point de vue pratique, laisse quelque peu à désirer. Les descendants de Senefelder en ont fait la rude expérience. Ils sont retombés dans ce dénuement dont leur aïeul ne s'était tiré qu'avec tant de peine; et de cet homme éminent et cependant si peu connu, que reste-t-il? Un mausolée dont la pierre lithographique de Munich fait tous les frais. Une statue dans le Walhala, ce somptueux monument consacré par le roi Louis de Bavière aux gloires de son pays natal, et en France, une autre statue élevée par la reconnaissance dans l'atelier de M. Lemercier, un des praticiens les plus intelligents ès arts lithographiques, voilà tout ! C'est peu, comparé au résultat de son invention.

A propos de la France, constatons avec surprise qu'elle fut longue à adopter cette découverte destinée à rendre tant et de si grands services à l'art, au commerce et à l'industrie, et qui chez nous seulement fournit le pain quotidien à plus de cinquante mille travailleurs.

Il y eut des exceptions toutefois ; on cite, par exemple, le général baron Lejeune, aide de camp du général Berthier, qui se passionna si bien pour la lithographie, qu'on le vit, pour la connaître à fond, s'astreindre aux travaux d'un simple ouvrier. Quittant l'épée pour la plume, qu'il maniait du reste avec un rare bonheur, il dessina un Cosaque à cheval bien connu des amateurs, et qui ne fut tiré qu'à cent exemplaires.

On le sait, Napoléon Ier était une nature exceptionnelle. Généralement, son œil d'aigle embrassait d'un seul coup le point de départ et d'arrivée d'un homme ou d'une chose. Une fois son attention attirée sur le nouveau mode d'impression par le coup d'essai de son général, qui était par le fait un coup de maître, il partagea l'opinion du baron Lejeune et pressentit l'immense avenir réservé à cette brillante découverte.

David et Karl Vernet partagèrent ces enthousiasmes. Néanmoins, la masse des artistes hésitait à confier ses productions à un art dont elle ne s'expliquait pas bien la marche et les effets. Ce ne fut que peu à peu que l'on vit cet art triompher de toutes les résistances et séduire toutes les imaginations, si bien que le moment vint où les femmes intelligentes de l'époque se firent un délicieux passe-temps d'exercer leur verve et leur originalité dans les ateliers lithographiques et d'y produire de très frais et très jolis croquis.

Le comte de Lasteyrie également contribua par des efforts personnels et tout dévoués à l'acclimatation de cette nouvelle branche de l'art, et, plus heureux que la plupart des inventeurs, Senefelder put, de son vivant, jouir de l'immense extension qu'avait prise sa découverte, et la voir parvenir presque à son entier développement.

PHILIPPE DE GIRARD,

NÉ A LOURMARIN EN 1775, MORT A PARIS EN 1845.

Le 1ᵉʳ février 1775, naissait à Lourmarin (Vaucluse) un enfant qui semblait être le filleul favori d'une puissante fée. Il avait tout pour lui : intelligence, talents naturels, beauté, grâce, esprit, cœur. A mesure qu'il prenait des années, ces dons se développaient à vue d'œil ; et bien qu'il fût le plus jeune de quatre frères, presque également bien doués, ses frères reconnaissaient déjà en lui un supérieur. Quoi qu'il entreprît, il réussissait. Botanique, peinture, sculpture, langue latine, mathématiques, chimie, tout se classait sans peine dans ce cerveau merveilleusement organisé. Mécanicien né, tandis que les autres enfants de son âge brisent, cassent, démolissent, disloquent leurs joujoux, lui

n'aspirait qu'à créer. Penchés sur la rive fleurie du ruisseau qui baignait le jardin paternel, ses frères s'amu-
saient-ils à faire jaillir l'eau dont les gouttelettes dia-
mantées, en réfléchissant leur visage, faisaient naître le
rire sur leurs lèvres vermeilles, lui, construisait de
petites roues qu'il installait sur le courant et se familia-
risait avec l'idée de la puissance des forces motrices
naturelles et de la possibilité de les mettre en jeu. Aussi,
à quatorze ans, il conçut et exécuta une ingénieuse
machine pour utiliser les vagues de la mer.

Chose singulière et qui prouve à quel point était
admirablement organisée cette jeune tête, tout en ayant
des aptitudes si diverses, si pratiques, Philippe de
Girard avait également l'étoffe d'un poète, et d'un grand
poète, au dire des gens compétents.

Serait-il artiste ou savant ? Nul n'eût pu le dire, lui
moins que personne, quand éclata la tempête révolutionnaire qui devait le balayer avec tant d'autres, et,
comme la brise fait à la feuille tombée, le ballotter et le
jeter loin de la patrie.

Au printemps de 1793, nous trouvons toute la famille
groupée à Gênes.

L'exil eût été déjà assez dur. Il s'y mêla d'autres
tourments. L'argent qu'on avait emporté, comptant
qu'il serait sans peine remplacé, se fondit peu à peu
comme du beurre au feu. Quant aux rentrées, on n'en
parlait pas. Bien en prit alors aux pauvres expatriés de
n'être pas de simples oisifs ne sachant que percevoir et

consommer leurs revenus, d'avoir en eux beaucoup de l'étoffe des Michel Morin. « Un moment vint où la caisse commune était à sec, où les remises de France n'arrivaient pas, où nul des quatre frères n'avait encore songé à se placer, et où un soir toute la famille était assise dans une salle sans parquet, autour d'une table nue, les fronts rêveurs et les oreilles basses, pour discuter les voies et moyens de ne pas jeûner le lendemain, quand tout à coup Philippe arrive, l'air moitié *penseroso*, moitié *allegro con scherzo*, leur demande ce qu'ils ont trouvé de neuf pour sortir de l'impasse, et, avant qu'ils aient eu le temps d'achever leurs variations élégiaques sur le thème connu : *Nihil*, *nada*, *niente*, jette sur ladite table un louis ou double sequin ; nous n'affirmons pas lequel, mais c'était de l'or. Stupéfaction ! exclamations ! Philippe a-t-il dévalisé le coche ? Non ! Philippe, en faisant ses plus beaux yeux et en adressant ses roucoulements à l'hôtesse, s'est imaginé de la peindre ; et la dame, ravie de son image, a reconnu le savoir-faire de l'artiste par l'à-propos que vous voyez. Elle n'en resta pas là, et par elle vint une clientèle qui, sans payer princièrement, donna le temps aux quatre frères de se caser avantageusement, qui dans Gênes, qui ailleurs, notamment à Livourne. C'est là que se rendit le portraitiste par intérim, non toutefois pour y continuer l'exploitation de la peinture. »

Rejetant le préjugé traditionnel de race que le travail est une dérogation, Philippe de Girard se fit fabricant de savon. C'en était fait, il était décidément et pour jamais enrôlé sous le drapeau moderne, le drapeau du progrès et de la transformation de la matière, par la main comme par l'intelligence humaine.

A cette époque, âgé de dix-huit ans, il inventa une machine à graver les pierres dures et à réduire les statues, un condensateur d'électricité, et tant d'autres choses dont l'énumération serait trop longue.

Rappelé en France par l'ordre de Robespierre, ordre motivé par l'amour des paysans de Lourmarin et environs pour la famille de Girard, il alla installer à Marseille, devinez quoi.... Une fabrique de produits chimiques qui faisait tout, spécialement la soude artificielle. — Quelle idée ! — Une excellente et fort patriotique, comme vous allez le comprendre. La France avait alors un immense besoin de cette industrie, provoquée par la Convention, depuis que l'Espagne, en guerre avec nous, avait prohibé l'importation en notre pays de ses soudes naturelles.

C'était pour répondre à cette invitation qu'il était revenu, et non seulement il trouva le moyen de faire de la soude et du carbonate de soude, que vous connaissez tous ; mais encore de l'acide chlorhydrique ; et par ce fait seul, l'Espagne perdit un débouché qui versait plus de vingt millions par an dans ses coffres.

Cette conduite si correcte, si patriotique, trouva néanmoins des détracteurs, et Philippe de Girard fut de nouveau obligé de s'expatrier. Cette fois, ce fut à Nice

qu'il demanda un refuge. Il y trouva plus ; car, à la
suite de deux concours successifs, il fut à dix-neuf ans
investi de la chaire de physique et de chimie à l'Ecole
centrale des Alpes-Maritimes.

C'est à Nice qu'il révéla cette vivante générosité qui
fait les audacieux. Trois émigrés pris les armes à la
main allaient payer de leur vie le tort de s'être laissé
surprendre : c'est l'éternel *væ victis*. Nulle voix ne se
fera-t-elle entendre en leur faveur ? Girard, un suspect,
presque un émigré, éleva la sienne et se fit leur défenseur avec un talent qu'égalait seule son intrépidité ; et,
chose merveilleuse, malgré la notoriété du délit, que
dis-je? du crime, le tribunal révolutionnaire les acquitta
sur sa demande.

Le 18 brumaire lui ayant rouvert les portes de la
patrie, il s'empressa de revenir à Marseille, où il professa la chimie dans une des salles de l'Académie, dont
il était déjà membre.

Mais Paris, ce centre d'attraction vers lequel con-
vergent toutes les intelligences, ne pouvait manquer de
l'attirer à son tour ; il s'y rendit, et l'exposition
de 1806 démontra la fertilité d'invention dont Philippe
de Girard était doué. On y voyait de lui une lunette
achromatique où le flint-glass était remplacé par un
liquide ; des tôles vernies et peintes par un procédé particulier, dont le brevet est aux archives du Conservatoire des arts et métiers ; enfin, les lampes hydrosta-
tiques à niveau constant, qu'il avait imaginées avec son

frère Frédéric de Girard. Les deux frères avaient pris un brevet en 1804 pour ces lampes, dans lesquelles un système de tuyaux, imité de la fontaine de Héron, faisait remonter sans aucun rouage l'huile contenue dans le pied jusqu'à la mèche.

La solution du singulier problème de la lampe hydrostatique à niveau constant fit, à cette époque, une révolution dans l'éclairage. Hachette en faisait l'objet d'une démonstration spéciale dans ses leçons à l'Ecole polytechnique et l'a décrite dans son *Traité de mécanique* et dans le *Bulletin de la Société d'encouragement*. M. Ingres traçait alors les élégants dessins qui décoraient les lampes. Les globes de verre dépoli qui contribuèrent aussi à leur succès, sont aujourd'hui répandus dans le monde entier.

Peu de temps après la clôture de l'exposition, et malgré l'importance de ses créations industrielles à Paris, où il laissait une fabrique de soude factice et une manufacture de tôles qui n'avait pas tardé à prendre rang parmi les premières de la capitale, il revenait se retremper à Lourmarin. Les sentiments de famille occupèrent toujours la première place dans son cœur tendre et profondément sensible.

Comme il ne pouvait rester inactif, il entreprit de doter les Bouches-du-Rhône d'un établissement salin, Ruessenc, appelé, suivant lui, à une fortune merveilleuse. Son père et ses frères y engagèrent une somme de 300,000 fr.

Il était encore à Lourmarin en 1810. C'était le moment où Napoléon, toujours préoccupé de porter un coup mortel à l'industrie cotonnière des Anglais, déjà si gravement atteinte par le système du blocus continental, venait de faire paraître l'immortel décret de Bois-le-Duc par lequel la somme d'un million de francs était « promise à l'inventeur, de quelque nation qu'il pût être, de la meilleure machine à filer le lin. »

« Quelques jours après la publication du décret impérial, dit M. Ampère, Philippe de Girard, alors âgé de trente-cinq ans, était chez son père à Lourmarin. Pendant le déjeuner de la famille, on apporta le journal qui contenait ce défi magnifique jeté à l'esprit d'invention, sans exclure aucun peuple. M. de Girard passa le journal à son fils en lui disant : « Philippe, voilà qui te « regarde. »

« Après le déjeuner, celui-ci se promenait seul, décidé à résoudre le problème. Jamais il ne s'était occupé de rien qui eût rapport à l'industrie dont il s'agissait. Il se demanda s'il ne devait pas étudier tout ce qui avait été tenté sur le sujet proposé ; mais bientôt il se dit que l'offre d'un million prouvait suffisamment qu'on n'était arrivé à rien de satisfaisant. Il voulut tout ignorer, pour mieux conserver l'indépendance de son esprit. Il rentra, fit porter dans sa chambre du lin, du fil, de l'eau, une loupe, et, regardant tour à tour le lin et le fil, il se dit : « Avec *ceci*, il faut que je fasse *cela* ! »

« Après avoir examiné le lin à la loupe, il le détrempa

dans l'eau, l'examina de nouveau, le décomposa par l'action de l'eau, de manière à en séparer les fibres élémentaires, les fit glisser l'une sur l'autre, en forma un fil d'une finesse extrême ; et le lendemain à déjeuner, il disait à son père : « Le million est à moi. Il me reste à « faire avec une machine ce que je fais avec mes doigts, « et la machine est trouvée. » Elle l'était pour lui ; le germe de la découverte était éclos dans sa pensée. »

Le 18 juillet suivant, soixante-sept jours après l'insertion du décret au *Moniteur*, Philippe de Girard prenait un premier brevet, témoignage irréfragable pour tout homme de bonne foi, de la réalité et de la priorité de l'invention tant contestée, dont nous emprunterons les détails techniques à l'inventeur lui-même :

« Tout le système actuel de la filature mécanique du lin, dit-il, se fonde sur deux principes essentiels : le premier, qui sert de base à toutes les opérations préparatoires que le lin subit, depuis le peignage jusqu'à la dernière filature, ou filature en fin *exclusivement*, est l'étirage à sec au moyen des séries de peignes mobiles sans fin, seul procédé trouvé jusqu'à ce jour pour distribuer uniformément, sur une longueur indéfinie, les brins de lin peigné, sans altérer leur parallélisme. Le second, qui a seul rendu possible la filature mécanique du lin jusqu'à un degré de finesse illimité, est la décomposition du lin en ses fibres élémentaires, décomposition que nous produisons dans le fil en gros par l'immersion, soit dans une lessive alcaline, soit simplement dans l'eau froide ou chaude, et qui, transformant pour ainsi dire le lin en une nouvelle substance, permet de l'étirer désormais comme le coton, entre des cylindres rapprochés, et d'en former ainsi des fils incomparablement plus fins que ceux que l'on pouvait obtenir en filant les brins du lin dans leur longueur primitive, comme cela avait lieu dans l'ancien procédé anglais.

« Ces deux principes fondamentaux, entièrement inconnus dans les filatures qu'on avait essayé d'établir avant le grand prix proposé par Napoléon, se trouvaient énoncés pour la première fois dans mon brevet d'invention du 18 juillet 1810.

« Mais pour l'intelligence des personnes qui sont peu au courant des choses de l'industrie linière, je dois donner une explication qui rendra ma démonstration plus évidente. J'appelle *brins* ces filaments plus ou moins fins que l'on obtient par la division du lin au moyen du peignage. J'ai découvert le premier que ces brins, dont la longueur est habituellement de quatre à huit décimètres, sont composés de fibrilles d'une ténuité qui les rend presque imperceptibles à l'œil nu, et qui n'ont guère que cinquante à soixante millimètres de longueur. Ces fibres, vues au microscope, se montrent sous la forme d'un ruban transparent, poli, brillant, terminé par deux pointes effilées, et qui se tord rapidement en forme de vis quand on le tient suspendu par une de ses extrémités. C'est en ramollissant, à l'aide de l'eau froide ou chaude, la matière glutineuse qui tient ces fibrilles réunies, et en les faisant ensuite glisser les unes sur les autres, dans le sens de leur longueur, que je parviens à allonger et amincir les brins sans les casser et sans diminuer en rien la ténacité des fibres. C'est ainsi que je puis former avec un lin grossier un fil plus mince que chacun des brins dont il est composé. Ce procédé si important décrit dans mon brevet n'a été adopté par les Anglais qu'en 1820. »

Dès 1810 ou 1811, une machine faite *ad hoc* étirait un fil grossier, filé exprès par une bonne fileuse au point de produire un fil de cent à cent cinquante mille mètres par kilogramme. Une fois là, Philippe de Girard, sûr de lui-même, établit à Paris en 1813, rue de Vendôme, la première filature de lin qu'on eût vue fonctionner et produire, et quelques mois plus tard une autre à Charonne.

Il s'agissait de recevoir le prix. Mais 1813 était l'année fatale des premiers désastres, des honteuses défections qui indiquent qu'un homme ou un régime a fait son temps. Tandis que Girard, enrôlé comme simple soldat, courait en volontaire porter l'appoint de son courage à la défense des murs de Paris, la vieille cité, par une brusque capitulation, ouvrait d'elle-même ses portes à l'ennemi, et l'Empire tombait !

La Restauration ne payait pas les dettes de l'Empire. Girard le comprit ; il ne réclama rien et fit bien. Il perfectionna son œuvre, battit monnaie au moyen d'hypothèques sur ce qui restait de ses terres, de celles de ses frères, toujours prêts à le soutenir.

Les Cent-Jours arrivèrent. C'était le moment de réclamer ; il réclama ; mais l'attitude grosse de périls que prit l'Europe fit remettre sa réclamation à des jours meilleurs. Puis vint Waterloo, puis Sainte-Hélène ; et pour Girard, l'honorabilité même, la noblesse incarnée, Sainte-Pélagie, c'est-à-dire la prison pour dettes !

C'est alors que, ne pouvant soutenir l'intolérable oisiveté à laquelle le condamnaient ses impitoyables créanciers, il songea à accepter les offres avantageuses que lui avait faites l'Autriche. Il laissa la moitié de ses machines à ses frères et partit pour Vienne avec le reste, le 4 décembre 1815. Il y fonda la filature de Hirtemberg pour laquelle il inventa la première machine à peigner, appendice essentiel qui régularise, en la facilitant, la séparation des fibres et qui prépare admirablement la formation du lin. Malheureusement, bien que l'Autriche proclamât hautement que la manufacture de Hirtemberg était le dernier mot de la perfection, elle tenait mal ses engagements, et cette richesse après laquelle Girard soupirait pour payer ses créanciers et dédommager ses frères de leur dévouement et des sacrifices qu'ils avaient faits en sa faveur, ne venait pas. Le sol français lui restait interdit.

En 1826, une amère déception atteignit Philippe de Girard en plein cœur. Dans un voyage qu'il fit à Londres, quel ne fut pas son étonnement, en visitant les bureaux où se prenaient les brevets, de reconnaître ses propres dessins, que deux employés infidèles, Cachard

et Lanthois, lui avaient extorqués et qu'ils avaient vendus
en Angleterre moyennant 650,000 fr. ! Quelle ne fut
pas sa douleur, quand il vit deux manufactures monstres
qui filaient, l'une 15,000 quintaux de lin, l'autre 30,000,
fonctionner au moyen de ses godets, de ses peignes, de
ses cylindres, tels qu'il les avait laissés en 1815, et qu'il
sut que l'un des chefs de ces maisons avait gagné plus
de 20 millions en dix ans, quand lui, l'inventeur, ne
pouvait remettre les pieds dans sa patrie, faute de
pouvoir payer les frais de cette invention !

Il serait trop long d'énumérer ici les titres à la reconnaissance publique que se créait journellement Philippe
de Girard. Qu'il nous suffise de bien appuyer sur ce
point : que chaque fois qu'il réalisait une conception
nouvelle, il en faisait parvenir le résultat en France.

Sur ces entrefaites, des créanciers de la filature créée
en 1813, lassés d'attendre, faisaient main basse sur
tous les biens patrimoniaux de Philippe de Girard et de
sa famille et les faisaient vendre aux enchères : douleur
immense pour un homme ayant, comme Girard, le
respect des traditions du passé et l'amour de ces chers
souvenirs qui peuplent si délicieusement la maison où
s'écoula une enfance heureuse.

Et avec cela, l'Autriche liardeuse continuait à ne pas
donner ce qu'elle avait promis !

Mais la Russie, appréciatrice intelligente de tous les
talents, suivait depuis quelque temps avec intérêt
l'œuvre de notre filateur. Après s'être bien assurée que

les dédains de la Restauration pour les productions de
Philippe de Girard n'étaient que du parti pris et de l'incapacité, l'empereur Nicolas Ier fit faire à notre héros
des propositions beaucoup plus avantageuses que celles
qui l'avaient attiré en Autriche. Nicolas, du reste, savait
bien faire les choses : il lui offrait le poste d'ingénieur
en chef des mines de Pologne, de telle façon qu'il pût
unir à ce titre la direction d'une filature. Girard accepta
avec les réserves qu'un patriote comme lui devait faire
pour sa patrie, alors même que celle-ci le désavouait
presque. Il suffit, pour s'en convaincre, de lire la
phrase finale de l'acte qui le liait à la Russie pour dix
ans : « Je ne puis prêter aucun serment qui m'engagerait
pour la vie et qui me ferait renoncer à ma qualité de
Français. »

Au cas où il améliorerait ou inventerait de nouveaux
procédés pendant la durée de son contrat, il se réservait
le droit d'en prendre les brevets, d'en jouir quand et
comme il lui plairait, de livrer les procédés au public,
c'est-à-dire qu'il se conservait le droit de faire, sans
léser la foi jurée, profiter la France de tout ce qu'il
inventerait.

Tout se passa ainsi que cela avait été convenu, et
Girard, suivant sa constante habitude, servit la Russie
avec un zèle et un dévouement infatigables. Il en fut
amplement récompensé d'ailleurs par le respect et l'admiration des populations et par la munificence et les
témoignages de haute estime du czar,

Une véritable petite ville s'était formée autour de la filature modèle créée en Pologne par Girard. Le czar voulut qu'elle prît le nom de *Girardow*, et lui donna pour armes les armes de Girard.

Revenant aux premières préoccupations mécaniques de son enfance, nous le voyons utiliser les grandes chutes d'eau au moyen d'une roue hydraulique de son invention, et, en appliquant son principe aux constructions de divers étangs de l'Etat, faire réaliser à celui-ci une économie de plus de 100,000 florins.

Varsovie admire encore son chronothermomètre, un des ornements de la façade du palais de la Bourse, où il marque et conserve inscrite sur un tableau qui se renouvelle de lui-même toutes les heures, la température de chacune des vingt-quatre heures précédentes; et son météorographe de l'observatoire que nul instrument météorologique n'a encore égalé.

Nous arrivons, hélas! à l'une des périodes les plus amères de cette existence qui n'a guère connu de beaux jours Les droits de Philippe de Girard à l'invention de la filature mécanique du lin venaient d'être solennellement constatés en 1842 par la Société d'encouragement pour l'industrie nationale, qui lui décernait la grande médaille d'or, quand tout à coup un homme sorti de bien bas pour arriver à une haute situation par la vertu de je ne sais quelle influence néfaste, Cunin-Gridaine, vient réclamer.... la gloire d'avoir à grand'peine *dérobé* à l'Angleterre et donné à la France l'invention, qu'il déclarait anglaise et bien anglaise, de la mécanique du lin ! Il prétendit que la première machine de ce genre introduite en France l'avait été par son ordre et cachée dans du suif.

En vain on lui objecta les dessins déposés en 1810 pour l'obtention du brevet, les réclamations de Philippe de Girard auprès du gouvernement impérial, les usines établies en 1812 et 1813 pour la construction des machines, la décision même de la Société d'encouragement pour l'industrie nationale, « qui revendique hautement pour la France l'honneur de cette belle et utile découverte, » en constatant « que Philippe de Girard est incontestablement l'homme de notre siècle qui a pris la première et la plus glorieuse part à l'industrie de la filature mécanique du lin et qu'il en a découvert, publié et appliqué les principes fondamentaux. » Tout reste inutile, et l'on voit ce spectacle étrange, unique, d'un ministre français qui ose, en pleine tribune, répudier la gloire de son pays et l'attribuer gratuitement à une nation rivale !

Mais la postérité a fait justice dans ce grand débat : la gloire de Philippe de Girard en est ressortie plus pure, plus lumineuse, plus resplendissante, et le nom de son détracteur est tombé dans le mépris.

En 1844, Arago, qui s'était pris d'une sincère affection, basée sur l'admiration et l'estime, pour ce noble martyr de la science et de la persécution inintelligente, Arago l'engagea à venir lui-même à Paris suivre de plus près le procès engagé entre le mauvais vouloir ministériel et l'opinion publique, qui lui était entièrement favorable. Girard eût voulu attendre la fin de son engagement avec la Russie, qui l'eût mené jusqu'en 1846. Les instantes sollicitations de sa famille, jointes au désir si naturel de revoir sa patrie, vainquirent ses résistances.

L'exposition de 1844 fut pour lui un prétexte. Il l'enrichit de nouvelles manifestations de son génie : le piano octaviant, le trémolophone et vingt autres que tout Paris admirait en glorifiant le nom de Girard.

Ce retour à Paris eût pu être une grande joie dans la vie de cet homme qui méritait si bien un dédommagement. Il lui fit essuyer un mortel affront. Un jour, il trouva ses inventions saisies en pleine exposition par un créancier des anciennes filatures, qui avait su se créer un titre ayant trente ans moins un mois. Le pauvre inventeur, poursuivi à outrance, dut se cacher pendant plusieurs mois chez un ami, jusqu'au 1er février 1845, jour où il accomplit sa soixante-dixième année, afin de se soustraire lui-même à Sainte-Pélagie, dont il était encore menacé.

Cependant ses merveilleux travaux et aussi ses malheurs avaient ému les sommités de la science et des arts ; des réclamations se produisirent de toutes parts en sa faveur ; en mai 1845, la Société des inventeurs et filateurs mécaniciens, sur la proposition de M. Chapelle, son président, s'honora en lui votant une pension de 6,000 fr., comme marque de reconnaissance et comme protestation, et en attendant la réparation. Il n'en jouit pas longtemps. Il mourut le 26 août 1845.

Le village de Lourmarin, après avoir fait à la dépouille mortelle du plus illustre de ses enfants un accueil religieux et enthousiaste, prit l'initiative de l'érection d'une statue, pour laquelle les souscriptions affluèrent Les journaux s'emparèrent de ce grand nom, et ce fut à qui ajouterait un détail inédit aux détails touchants qui arrivaient de toutes parts sur le célèbre inventeur. Scheffer, inspiré par cette douce et mélancolique figure, lui consacra une de ses œuvres les plus magistrales. Paris, Amiens et bien d'autres villes donnèrent son nom à une de leurs rues ; Lille lui éleva une statue.

Mais le second Empire approchait ; un Napoléon ne pouvait refuser de payer les dettes d'un Napoléon. La seule invention de la machine à filer le lin avait enrichi la France d'un revenu annuel de plus de 60 millions. En constatant ce fait, le président du jury de l'exposition put dire au président de la République : « C'est le vœu sacré du jury que la patrie paye enfin sa dette d'honneur et de reconnaissance. » En mai 1853, fut présenté un projet de loi qui accordait au frère aîné de Philippe (Joseph de Girard) une pension de 6,000 fr., et à sa nièce, Mme de Vernède de Corneillan, fille de Frédéric de Girard, une autre pension également de 6,000 fr., avec réversibilité sur celle-ci des 6,000 fr. accordés à son oncle, et sur sa fille des 12,000 fr. sa vie durant. Le projet fut adopté à l'unanimité.

LOUIS-JACQUES DAGUERRE,

NÉ A CORMEILLES-EN-PARISIS (SEINE-ET-OISE) EN 1789, MORT A
PETIT-BRIE (SEINE-ET-MARNE) EN 1851.

Daguerre avait une vocation innée pour la peinture.
Placé d'abord par ses parents dans l'administration des
contributions indirectes, les chiffres cadraient mal avec
son imagination toute pleine de visions lumineuses et
charmantes. Aussi, un beau matin, il oublia d'aller à
son bureau, et quelques jours après il arrivait à Paris,
où il suivit les leçons de Dagoti, célèbre peintre en décors
d'opéras. Il fit honneur à son maître ; en peu de temps
il devint un artiste de premier ordre et excella dans
l'ornementation théâtrale, où il a laissé des chefs-
d'œuvre, notamment les décorations d'*Aladin* à l'Opéra.

Le 11 juillet 1822, il ouvrit au public, rue Samson,
derrière le Château-d'Eau, un spectacle d'un genre tout

nouveau, le *Diorama*, qu'il exploita avec M. Bouton, peintre comme lui, mais assurément moins artiste, et qui conserva sa vogue immense des premiers jours jusqu'au 3 mars 1839, où un incendie le dévora en deux heures.

Empruntons à une source compétente des détails sur ce Diorama :

« Il était installé dans une salle circulaire, capable de contenir 350 personnes. A chaque changement de vue, le plancher mobile tournait sur un pivot au moyen d'un manège établi dans les fonds, et avec lui tous les spectateurs, qui étaient ainsi transportés successivement, sans commotion sensible, devant une série de grands tableaux d'un merveilleux effet. Un seul homme suffisait à mettre en mouvement ce mécanisme bien compris.

« Le Diorama est une sorte de spectacle rempli de surprises et de délicieuses illusions ; il se compose d'un ensemble de tableaux et de vues peintes qui atteignent jusqu'à 22 mètres de long sur 14 de haut. Ces tableaux sont placés dans une salle spéciale et qui simule la scène d'un théâtre par rapport au parterre. Les bords de l'ouverture qui unit les deux pièces se prolongent jusqu'aux tableaux eux-mêmes, disposés pour l'effet dans un enfoncement de 15 à 20 mètres. L'attention du spectateur se trouve ainsi concentrée en un point et mise à l'abri de toute fâcheuse distraction.

« Les tableaux peints sur une toile de coton présentent des dessins sur chacune de leurs faces. L'apposition des couleurs sur la première face doit n'être que superficielle, afin de garder à la toile toute sa transparence quand elle vient à être éclairée par la face opposée. Si les dessins de la face postérieure sont différents de ceux de l'autre face, ils doivent être conçus de manière à s'unir et à se compléter dans un merveilleux ensemble.

« On devine que la pièce réservée aux amateurs est garnie de fenêtres et reste plongée dans une obscurité que dissipe seule la lumière du tableau ; celle-ci arrive par une ouverture circulaire placée à la voûte de la seconde chambre et qui se dérobe adroitement aux regards des spectateurs ; cette ouverture est d'ailleurs munie de volets et de transparents de teintes variées qui permettent de nuancer la lumière et d'en augmenter ou d'en diminuer l'abondance, de manière à représenter les changements visibles qui dépendent de l'état de l'atmosphère, tel qu'un soleil éclatant, un clair de lune, un temps nuageux ou assombri par le brouillard, l'obscurité du crépuscule, etc.... »

Conduit par ses études de peinture, de perspective et d'optique, en face du problème de la fixation des images par l'action du soleil, et constamment occupé à des recherches sur la lumière, Daguerre ne tarda pas à en arriver à l'idée, alors presque renversante, qu'il pourrait fixer les images de la chambre obscure.

Obligé, pour faire confectionner les appareils qui étaient nécessaires à ses premiers tâtonnements, de s'ouvrir à demi de ses projets à un opticien de Paris, celui-ci commit l'indiscrétion de parler à un de ses clients des recherches de Daguerre. Ce client était M. Nicéphore Niepce, de Dijon, qui se mit en rapport avec Daguerre, et lui apprit, à sa grande surprise, que le problème qu'il cherchait était résolu par lui depuis plusieurs années déjà. Ceci se passait en 1826.

Trois ans s'écoulèrent en lettres échangées ou pour-parlers, et ce ne fut qu'en 1829 que les deux travailleurs se décidèrent à unir leurs efforts. Une association fut conclue le 14 décembre a Châlons-sur-Marne. Dès qu'il fut initié aux procédés héliographiques de Niepce, Daguerre leur fit faire un tel progrès, que son associé lui-même en fut émerveillé.

Aux termes du traité de 1829, les noms des deux associés eussent dû rester appliqués à leur inven-tion ; mais Niepce mourut en 1833, longtemps avant que les résultats fussent assez satisfaisants pour être soumis au public. Daguerre, ayant continué seul les travaux, fit consentir la déclaration suivante au fils de M. Niepce :

« Je soussigné déclare par le présent écrit que M. Daguerre, peintre, membre de la Légion d'honneur, m'a fait connaître un procédé dont il est l'inventeur. Ce nouveau moyen reproduit les objets avec dix ou vingt fois plus de promptitude que celui inventé par M. J.-N. Niepce, mon père. En suite de la communica-tion qu'il m'a faite, M. Daguerre consent à abandonner à la société le nouveau procédé dont il est l'inventeur et qu'il a perfectionné, à la condition que ce nouveau procédé portera le nom seul de Daguerre, ce à quoi j'ai consenti. »

Telle est l'origine du mot daguerréotype, qui a précédé de bien peu d'années la photographie.

Le 9 janvier 1839, Arago annonçait à l'Académie l'invention de Daguerre. Ce dernier eut soin toutefois de faire mentionner la collaboration de feu M. Niepce, et le 30 juillet de la même année, les procédés de M. Daguerre furent achetés par l'Etat et rendus publics.

Une double pension de 6,000 fr. pour Daguerre et de 4,000 fr. pour Niepce fils récompensa l'achat des procédés Daguerre par l'Etat. Le rapport d'Arago donna la raison qui détermina la différence entre les deux pensions, qui avaient été demandées égales : on imposa à Daguerre l'obligation de faire connaître son procédé de peinture et d'éclairage du Diorama, et de rendre publics tous les perfectionnements dont il pourrait par la suite enrichir ses procédés photographiques.

De ce moment, Daguerre n'eut plus qu'une pensée : arriver à perfectionner son invention. Il y travaillait encore avec la même ardeur juvénile qui l'avait soutenu toute sa vie, lorsque la mort vint le surprendre dans sa retraite de Petit-Brie-sur-Marne. C'est dans l'humble cimetière de cette petite localité qu'il repose en paix, sous le modeste monument qui lui a été élevé par souscription.

Rouen. — Imp. MÉGARD et C°, rue Saint-Hilaire, 136.

ROUEN, IMPRIMERIE MÉGARD ET Cie.